Reading Aesop's Fables
at Forty Is No Light Matter

마흔에 읽는 이솝우화는
가볍지 않다

어른이 되어 다시 꺼내 보는 지혜

마흔에 읽는 이솝우화는 가볍지 않다

이길환 지음

빅마우스

Prologue
마흔에 읽는 이솝우화

어른이 된다는 것은 무엇을 의미할까요? 나이 마흔쯤이면 어른이라고 말할 수 있을까요? 스스로 자문해봅니다.

1년 전 자신의 모습은 지금과 별반 다르지 않습니다. 하지만 10년이라는 시간을 거슬러 올라가면 얘기가 다릅니다. 현재 모든 면에서 '능숙함'이라는 면모를 뽐내고 있으니, 아마도 조금은 어른이 된 것 같습니다. 그런데 아이러니하게도 많은 것을 알게 된 지금이지만, 결코 더 지혜롭다고는 말할 수 없습니다.

그래서 인생의 시계를 10년이 아닌 30년 전으로 돌려봅니다. 초등학생 시절, 정의나 배려, 희생 그리고 희망의 의미를 명확하게 알고 있었습니다. 그런데 세상의 이치를 조금 더 깨닫고 지식이라 불리는 정보를 머릿속에 가득 집어넣고 있는 지금 왜 되레 부조리하게 살고 있는 걸까요?

아이에게는 당연한 것을 당연하게 바라보는 순수함이 있습니다. 어린 시절 들었던 해와 바람 이야기를 떠올려봅니다.

해와 바람이 나그네의 옷을 누가 먼저 벗기는지를 두고 내기를 벌였다. 먼저 바람이 나그네의 옷을 날려버리기 위해 돌풍을 일으켰다. 하지만 나그네는 추위가 심해지자, 옷을 더 꽁꽁 싸맬 뿐이었다. 그 모습을 지켜보던 해가 나그네에게 강렬한 햇볕을 내리쬐었다. 결국 나그네는 더위를 참지 못하고 스스로 옷을 벗어 던졌다.

이솝우화에 실려 있는 이야기입니다. 초등학생 시절, 이 이야기를 듣고 사람은 '강함'으로 대할 게 아니라 스스로 움직이도록 해야 한다는 것을 깨달았습니다. 그리고 그것을 당연하게 생각했습니다.

그런데 어른이 된 지금은 어떤가요? 상대가 스스로 깨닫고 움직이기를 기다리는 것은 시간 낭비라고 여깁니다. 그래서 수십 가지 이유를 들어가며 상대를 설득하고 여의찮으면 거친 돌풍을 일으켜 발걸음을 떼게 만듭니다.

우리는 당연한 것을 당연하게 보지 않게 되는 순간 어른이 됩니다. 어린아이의 순수함을 잃어버리는 탓입니다. 이제 가슴 한편에 묻혀 숨어버린 순수함을 되찾기 위해 이솝우화를 읽습니다.

이솝우화는 고대 그리스의 이솝이라는 인물이 지은 우화를 말합니다. 이솝에 대해 자세히 전해지는 문헌은 없습니다. 다만 그는 기원전 6세기 인물로, 뛰어난 이야기꾼 노예였다고 합니다. 이솝우화는 말, 사슴, 솔개, 여우, 사자 등 주로 동물을 주인공으로 한 이야기를 통해 다양한 교훈을 전하고 있습니다. 그 이야기는 시대를 초월해 지금까지도 많은 사람에게 읽히고 있습니다.

마흔에 읽는 이솝우화는 절대 가볍지 않습니다. 그저 재밌는 이야기 읽기가 아닌, 그 속에 담긴 울림을 느끼고 세상의 이치를 다시금 깨닫는 과정입니다. 부디 이 책을 통해 새로운 시선으로 우화를 읽고 사색하며, 가슴속 순수함을 어른의 순수함으로 갈무리하는 시간이 되길 바랍니다.

이길환

Contents

Prologue

마흔에 읽는 이솝우화 4

I
스스로 걷는 길, 깨달음

1. 인생의 부는 마음에서 비롯된다 — 15
2. '정신 승리'는 포기할 줄 아는 용기다 — 20
3. '성실함'은 황무지를 비옥하게 만든다 — 25
4. 믿음은 남이 아닌, 자신이 준 것이다 — 30
5. 인생의 변곡점은 스스로 만드는 것이다 — 36
6. 질투는 타고난 본성을 외면하는 자에게 찾아온다 — 41
7. 못 가본 길을 걷기 전에 지금 걷는 길을 사랑하라 — 46
8. 칭찬에 휘둘리지 않는 인생을 살아가는 방법 — 52
9. 먹잇감을 잡기 위해서는 압도적인 능력이 필요하다 — 58
10. 모방은 변형해야 의미가 있다 — 63
11. 진실한 삶에 편안함이 깃든다 — 68

II
함께 걷는 길, 관계

1. '의심해야 할 자'와 '믿어야 할 자'를 구분하는 안목 — 77
2. 등 뒤에 매달린 자루를 들여다보라 — 83
3. 정확하게 알아야 경계선을 벗어날 수 있다 — 88
4. 절반보다 조금 더 나누는 것이 현명하다 — 93
5. '돕는 기쁨'은 함께하는 사람만이 느낄 수 있다 — 98
6. 상대의 슬픔을 쉽게 판단하지 마라 — 103
7. 원망의 싹을 없애야 인생의 풍랑을 이겨낼 수 있다 — 108
8. 호의는 상대가 받아들여야 의미가 있다 — 113
9. '강약약약'의 자세 — 118
10. '진짜 도움'을 주는 방법 — 123
11. 남을 지적하는 손가락이 가리키는 것은 '나 자신'이다 — 127
12. 자식은 활시위를 떠난 화살과 같다 — 132
13. 행동이 따르지 않는 말은 허공을 맴돌 뿐이다 — 137

III

잠시 쉬어 가는 길, 회복

1. 자연스러운 삶은 '마땅함'에서 비롯된다 ——— 145
2. 잘 쉬어야 운도 뒤따른다 ——— 150
3. 공을 이루었으면 몸은 뒤로 물려야 한다 ——— 156
4. 작은 촛불이 모여 삶을 비춘다 ——— 161
5. 있는 그대로를 사랑할 때 삶은 단단해진다 ——— 166
6. 일상이 단단해야 헛된 희망에 속지 않는다 ——— 171
7. 실력 없는 사람의 마음에 자만심이 싹튼다 ——— 176
8. 시련은 고통을 줄이는 밑거름이다 ——— 181
9. 진짜 위기는 싸움을 멈춰야 보이는 법이다 ——— 186
10. 정신이 아름다운 사람 ——— 191

IV
다시 일어나 걷는 길, 다짐

1. '잘 되돌아오는 것'의 의미 — 199
2. 기지, 재치 있게 대응하는 지혜 — 204
3. 마실 물이 넘칠 때 우물을 파라 — 209
4. 노력하는 삶 — 214
5. 인생의 고난을 비켜 가는 방법 — 219
6. 빈자리의 크기는 실력에 비례한다 — 224
7. 탐욕은 영혼의 중독이다 — 229
8. '옛것'을 익혀 '새로운 것'을 알아가는 자세 — 234
9. 쓴소리는 모진 풍랑을 이겨내는 보약이다 — 239
10. 자기에게 딱 맞는 옷을 찾아 입어라 — 245
11. 비교의 시선은 위를 향해야 한다 — 250

Epilogue
다시 꺼내 보는 이솝우화의 지혜 256

스스로 걷는 길, 깨달음

인생의 부는 마음에서 비롯된다
Reading Aesop's Fables at Forty Is No Light Matter

친구 사이인 늑대와 개가 있었다. 그런데 어느 날부터인가 개가 보이질 않았다. 늑대는 아무런 말도 없이 떠난 개의 사정이 궁금했다. 그렇게 얼마간의 시간이 흐르고, 사람들이 모여 사는 마을 근처를 지나가던 늑대는 우연히 개를 보게 되었다. 개는 목줄이 채워진 채로 바닥에 놓인 먹이를 먹고 있었다. 산속에서는 볼 수 없는 아주 맛 좋은 먹이였다. 늑대가 가까이 다가가 개에게 물었다.

"아니, 누가 너에게 목줄을 채워놓고 이렇게 맛있는 먹이를 주는 것이냐?"

그러자 개가 대답했다.

"사냥꾼이지. 그런데 내 친구 늑대야, 지금 나를 부러워할 일이 아니야. 목줄을 차고 있을 땐 아무리 먹어도 배가 부르지 않거든. 산속에서 굶주릴 때보다 더 배고프단다."

먹는 즐거움은 단순히 음식 '맛'에만 있지 않습니다. 어떤 공간에서 먹는지, 누구와 먹는지, 현재 감정 상태가 어떤지에 따라 같은 음식을 먹어도 느껴지는 맛은 하늘과 땅 차이입니다. 이야기 속 개는 야생에서 맛볼 수 없는 음식을 매일같이 먹습니다. 목줄을 한 채로 일정한 공간 안에서 말입니다.

먹이를 구하러 밤낮으로 돌아다닐 필요가 없으니 일단 몸은 편합니다. 하지만 자신을 옭아매고 있는 목줄을 볼 때마다 사냥꾼의 손에서 벗어날 수 없다는 절망감이 찾아듭니다. 그런 와중에 먹는 음식이 맛있을 리가 없습니다. 개는 언제든 저 멀리 내달릴 수 있는 늑대가 부러울 따름입니다.

맛있는 음식을 정말 맛있게 먹으려면 마음이 편안해야 합니다. 근심거리를 안은 채로 먹는 값비싼 스테이크와 간절히 바라던 시험에 합격한 뒤 먹는 가벼운 분식 중 어떤 것이 더 맛있을까요? 아마도 전자는 식당을 나서면서 조금 전 먹은 음식이 무엇이었는지조차 잊고 말 겁니다. 하지만 환희의 순간을 함께한 매콤한 떡볶이는 인생을 통틀어 가장 맛있는 음식으로 기억될 겁니다.

이렇듯 삶을 풍요롭게 만드는 것은 부(富)와 명예, 맛있는 음식과 같은 외부적인 요인이 아닙니다. 마음의 평온, 어디에도 얽매이지 않는 자유로움, 소중한 사람과 나누는 연대감, 자연을 아끼는 삶의 태도 등 자기 내면으로부터 발현되는 긍정적인 기운이 행복한 삶을 이루는 기반이 됩니다. 아무리 많은 돈을 벌고 높은 지위에 오르더라도 가족이 화목하지 못하면 마음 한편에 무거운 돌덩이를 얹고 살아가야 합니다.

영화 〈행복을 찾아서〉의 주인공 크리스 가드너는 아들과 함께 노숙자 쉼터를 전전하며 힘든 시기를 보냅니다. 하루는 마땅히 쉴 곳을 찾지 못해 지하철역 화장실에서 자야 했습니다. 크리스는 화장실 문을 걸어 잠그며 아들에게 말했습니다.

"우리는 지금 시간여행을 하는 거야."

이 한마디로 절망적인 순간은 아빠와 아들의 즐거운 추억이 되었습니다. 마침내 크리스는 유수한 회사의 인턴 직원으로서 좋은 성적을 거둬 정식 직원으로 채용됩니다.

영화는 단순히 '가난한 사람이 희망을 잃지 않고 노력해서 성공한다'라는 메시지만을 전하지 않습니다. 아무리 가진 것이 없어도 소중한 사람과 마음을 나누고 기쁨을 함께할 수 있다면 삶의 의미를 잃지 않고 앞으로 나아갈 수 있다는 것을 깨닫게 해줍니다.

마흔에 주위를 둘러보니 기쁨을 나눌 사람이 많습니다. 소중한 가족, 오래된 친구 그리고 함께 고생한 동료까지. 이제는 무언가를 얻기 위해 아등바등하는 것이 먼저가 아님을 알겠습니다. 승진의 기쁨도 마음을 다해 응원해주는 가족이 있어야 온전히 누릴 수 있습니다. 또 함께 고생한 동료의 덕을 넉넉히 인정해야 내 마음이 편안합니다.

강철왕 앤드루 카네기조차 "몸을 부유하게 만드는 것은 마음이다"라고 했습니다. 이제는 하나라도 더 갖기 위해 애쓰는 것이 아닌, 현재를 돌아보고 마음의 평온을 찾기 위해 노력합니다. 그것이 진정한 인생의 부임을 깨닫습니다.

삶에 무게를 더하는 이야기

'즐겁게 여행하려면 가볍게 여행하라'라는 말이 있습니다. 여기서 '가볍게 해야 하는 것'에는 물리적인 짐뿐만 아니라 마음의 짐도 포함됩니다. 감당하지 못할 만큼 무거운 짐을 이고 떠난 여행은 스스로 고행길을 걷는 것과 같습니다. 최소한의 옷가지만 챙겨서 떠난 여행에서 더 많은 경치를 눈에 담고, 더 많은 것을 맛볼 수 있는 법입니다. 그런데 여행을 즐기려면 마음에 짊어진 무게 또한 가벼워야 합니다.

가족과 함께 여행을 떠났습니다. 한 달 전부터 계획된 여행이었습니다. 그런데 시끌벅적해야 할 차 안이 조용합니다. 얼마 전부터 아내와 집안일로 이런저런 얘기를 나눴는데 뚜렷한 합의점을 찾지 못해서 마음이 무거웠던 모양입니다. 아내와 전 아이의 물음에 대답만 할 뿐 서로 뚜렷한 대화가 없었습니다.

  마음의 짐이 너무 많은 탓에 여행이 즐겁지 않았습니다. 아니, 오히려 괴롭다는 생각마저 들었습니다. 그날 저녁 아이가 잠들자, 아내에게 조심스레 이야기를 꺼냈습니다. 주제는 역시 집안일에 관한 것이었습니다. 이야기는 또다시 돌고 돌았습니다. 그런데 아내가 저의 어떤 말에 서운함을 참지 못하고 눈물을 보였습니다. 그 말은 "그래서 내가 집안일을 안 도와줘?"였습니다.

  눈물 흘리는 아내를 보며 조금 전 내뱉은 말을 곱씹어봤습니다. 그리고 깨달았습니다. 그동안 스스로 집안일을 '돕는다'라고 생각하고 있었습니다. 우리 가족이 함께 생활하는 공간을 관리하는 일은 누군가가 전담하는 일이 아니었습니다. 그런데 은연중에 집안일을 아내의 몫으로 여기고 있었던 겁니다. 반성했습니다. 그리고 아내에게 진심으로 사과했습니다. 그렇게 마음의 짐을 덜고 나니 여행이 여행다워졌습니다.

  함께하는 여행, 함께하는 가족 그리고 함께하는 집안일입니다. 그렇게 마음에 기쁨은 더하고 무게는 줄이는 것이 삶을 풍요롭게 하는 길임을 알아갑니다.

'정신 승리'는 포기할 줄 아는 용기다

Reading Aesop's Fables at Forty Is No Light Matter

여우 한 마리가 길을 가다가 큰 나무를 휘감고 올라간 포도 넝쿨을 보았다. 넝쿨을 따라서 나무를 올려다보니 잘 익은 포도송이가 여럿 매달려 있었다. 여우는 포도를 보자 입안에 침이 고이기 시작했다. 하지만 여우에게는 나무를 타고 올라갈 능력도, 그렇다고 한 번의 도약으로 포도송이를 따 먹을 재주도 없었다. 그렇게 한참 포도송이를 쳐다보던 여우는 한마디 내뱉고는 자리를 떠났다.

"분명히 저 포도는 설익어서 맛이 없을 거야."

'정신 승리'라는 말이 있습니다. 이 말은 현실적인 어려움이나 실패를 맞닥뜨렸을 때, 그 원인을 외부적 요인에서 찾으며 스스로 합리화하는 사고방식을 의미합니다. 이야기 속 여우는 나무 위의 포도를 따 먹을 수 없게 되자, 정신 승리를 하기로 합니다. "저 포도는 보기와는 달리 설익었을 거야"라고 하면서 말입니다.

정신 승리라는 말은 대개 힘든 상황을 외면하고 자기합리화하는 사람의 태도를 비꼴 때 사용합니다. 그런데 과연 정신 승리가 삶에 전혀 도움이 되지 않는, 비난받아 마땅한 사고방식일까요?

자, 이야기 속 여우의 행동을 다시 한번 생각해봅시다. 여우는 나무를 올라탈 재간이 없었습니다. 포도 한 송이 따 먹겠어보겠다고 섣부르게 나무를 오르다가는 자칫 수십 미터 높이에서 떨어져 생명을 잃을 수 있습니다. 또 온종일 포도를 올려다보며 이런저런 궁리를 하느라 등 뒤에 다가온 맹수를 알아채지 못할 수도 있습니다.

여우의 정신 승리, 즉 나무 위에 매달린 포도를 '설익은 포도'로 단정 짓는 선택은 모든 조건을 고려했을 때 가장 훌륭한 수인 것입니다. 그렇게 여우는 불가능한 일에 미련을 두지 않고 새로운 먹잇감을 찾아 나섭니다.

어려운 현실을 극복하기 위해 애쓰는 것만이 정답은 아닙니다. 오히려 이룰 수 없는 일에 목을 매는 것은 열정의 불씨에 기름을 부어 자신을 집어삼킬 화마로 만드는 일입니다. 그러니 현실을 받아들이고 포기할 줄 아는 지혜도 필요합니다.

전직 프로 포커 선수이자 작가인 애니 듀크는 자신의 저서 《콰이어트》에서 말했습니다.

'우리는 포기하지 않고 끈질기게 붙어 있을 때보다, 포기할 때 더 많은 것을 얻는다.'

이는 의미 없는 것에 대한 고집을 버리고 '전략적 포기'를 선택함으로써 더 나은 기회를 잡을 수 있다는 의미입니다.

입체주의 화가로 잘 알려진 파블로 피카소는 이미 10대 때 전통적인 화풍의 그림을 그리는 데 부족함이 없었습니다. 세밀한 인물 묘사, 음영의 표현, 사실적인 색감 등 그의 그림은 한 장의 사진을 보는 듯했습니다. 하지만 피카소는 그런 그림으로는 현실의 모습을 완벽하게 재현해내는 데 한계가 있음을 깨닫습니다. 그에게 기존의 전통적인 회화 방식은 '실현 불가능한 한계', 마치 여우가 바라본 포도송이와 같았습니다.

그때부터 피카소는 전통적인 회화 방식을 과감히 포기하고 자신만의 길을 개척해 나아갑니다. 그렇게 새로운 길을 찾아 나선 결과, 사물을 다양한 시점에서 재해석해 표현하는 '입체주의 화풍'을 만들어냅니다. 만약 피카소가 여느 화가들처럼 전통적인 방식에만 매달렸다면 지금과 같은 걸작을 남기지 못했을 겁니다.

마흔에는 한 발짝 더 내디디면 손에 잡힐 듯한 것이 많습니다. 그런데 막상 그 분야에 입문해서 실력을 쌓아가다 보면 뭐든 생각보다 쉽지 않다는 사실을 깨닫습니다. 아무리 작은 결실이더라도 완전히 손에 쥐기까지는 노력과 재능, 주변 상황, 심지어 운까지 따라줘야 합니다. 이때 '긍정적 정신 승리'는 다양한 조건을 살피고 상황을 객관적으로 바라보는 밑거름이 됩니다.

이제는 나무 위의 포도를 '설익은 포도'로 단정 짓는 자신을 책망하지 않습니다. 그 선택은 현실 회피가 아닌 또 다른 기회를 찾아 나서는 '긍정적 정신 승리'인 것입니다. 그렇게 포도나무 주위를 서성이며 시간을 허비하는 대신 새로운 먹잇감을 찾아 나서기로 합니다. 그 길에서 더 많은 것을 배우고 나만의 색을 찾을 수 있기를 바랍니다.

삶에 무게를 더하는 이야기

어떤 분야든 '정석'으로 불리는 방식이 있습니다. 그런 방식은 대개 많은 사람이 따르는 업계 표준과도 같아서 입문자들이 꼭 배워야 할 기본 소양으로 여겨집니다.

한때 골프가 인기를 끈 시기가 있었습니다. 마침, 집과 가까운 곳에 연습장이 있어서 가벼운 마음으로 배우기 시작했습니다. 며칠 동안 기본자세를 배우고 본격적으로 공을 쳐봤는데 생각처럼 쉽지 않았습니다. 골프채에 공이 맞는 순간 손목이 미묘하게 틀어져서 타점을 제대로 잡을 수가 없었습니다. 때론 채에 맞은 공이 앞이 아닌 뒤로 날아가는 일도 있었습니다.

 답답한 마음에 하루는 '정석'으로 배운 자세를 내 몸에 가장 편안한 자세로 바꿔봤습니다. 손목을 단단하게 고정하고 일명 '슬라이스' 성공의 궤적을 조정하기 위해 골프채의 헤드 부분을 안쪽으로 덮었습니다. 그렇게 연습을 시작했는데 놀랍게도 실력이 눈에 띄게 향상됐습니다. 마치 다른 누군가가 몸에 빙의한 것처럼 먼 곳의 표적지를 향해 공을 시원하게 날리고 있었습니다.

 혹자는 제 자세를 보고 "장기적으로 봤을 땐 그 자세가 독이 될 거야"라고 말하기도 했습니다. 하지만 그때마다 마음속으로 '골프 선수 할 거 아니니까, 내가 편한 게 최고지'라고 생각하며 정신 승리했습니다.

 인생에서 그리 중요하지 않은 것은 붙잡고 있을 필요 없습니다. 때론 '정석'이라는 이름에 얽매여 자기에게 맞는 색을 찾지 못할 수 있으니 말입니다. 그렇게 정신 승리를 통해 '포기할 줄 아는 지혜'를 배워갑니다.

'성실함'은 황무지를 비옥하게 만든다

Reading Aesop's Fables at Forty Is No Light Matter

 죽음을 앞둔 한 농부가 있었다. 그에게는 아들이 하나 있었는데 성실함이라고는 찾아볼 수 없는 한량이었다. 마음 한구석에 근심을 안은 채 죽음을 기다리던 농부는 한 가지 묘안을 생각해냈다. 그리고 아들을 불러놓고 말했다.

"내가 포도밭에 귀중한 물건을 숨겨뒀으니 내가 죽고 나면 찾아보거라."

아들은 아버지가 죽자, 포도밭을 샅샅이 뒤지기 시작했다. 보물은 발견하지 못했지만, 아들이 열심히 파헤친 땅에서는 여느 해보다 많은 포도가 열렸다.

'공부는 엉덩이로 한다.'

족집게 강사를 찾아다니며 요점만 익히려는 사람에게는 그리 와닿지 않는 말이지만, 일견 맞는 말이지 싶습니다. 오랜 시간 공부에 매진하는 사람이 큰 성취를 얻을 수 있는 법입니다. 그런데 요즘 사람들에게 이런 꾸준함은 오히려 미련함으로 여겨지기까지 합니다. 사람들은 초 단위로 콘텐츠를 소비하고 하룻밤 새 일확천금을 얻는 꿈을 꾸며 새로움을 찾아 나섭니다. 그렇게 유행을 좇기에 바쁘다 보니, 땀 흘려 일해 얻는 것의 중요성을 깨닫지 못합니다.

위 이야기의 농부는 정말 현명한 사람이었습니다. 땅속에 귀중한 것을 숨겨두었다는 꾸며낸 말로 아들이 열심히 땅을 일구게 했으니 말입니다. 아들은 넓은 포도밭을 파헤치며 보물을 찾아다녔습니다. 하지만 보물이 나올 리가 없었습니다. 아들은 원망 섞인 말을 내뱉으면서도 한편으로는 보기 좋게 일궈놓은 땅을 보며 자기 인생에서 가장 성실하게 몸을 움직인 날이었음을 깨닫습니다.

마흔은 많은 것을 얻음과 동시에 많은 것을 잃는 시기입니다. 젊은 시절보다 많은 돈을 벌지만, 몸의 어느 한 군데는 이상 신호를 보냅니다. 사회생활을 하며 쌓는 인간관계는 늘어가지만, 진짜 친구라고 부를 만한 인연과는 점점 멀어집니다. 또 승용차로 어디든 편하게 이동할 수 있지만, 그만큼 두 발로 걷는 시간은 줄어듭니다.

이렇게 잃어가는 것 중에서 가장 안타까워해야 하는 건 건강도 친구도 아닌 '성실함'입니다. 어떤 일을 하는 데 성실하기 위해서는 열정이 있어야 합니다. 그리고 그런 열정은 호기심을 잃지 않는 삶의 자세에서 비롯됩니다.

그런데 마흔에 바라본 세상은 어떤가요? 많은 것을 경험해봤기에 더 이상 새로운 것이 없는 일상입니다. 누군가는 쉴 새 없이 추천되는 짧은 영상을 보며 "이렇게 즐길 거리가 넘치는 데 무슨 소리야?" 하고 반문할지 모릅니다. 하지만 그런 것들은 잠시 웃고 넘겨버리는 가짜 호기심입니다. 절대 가슴속 열정을 되살릴 불씨가 되지 못합니다.

시작은 보석을 찾기 위해서였지만 어찌 되었든 넓은 땅을 손수 일군 농부의 아들처럼 성실하게 무언가를 해보십시오. 맨땅을 파헤치는 의미 없는 일일지라도 꾸준히 하다 보면 어느 순간 포도 넝쿨이 자랄 수 있는 틈새가 생깁니다. 그렇게 자라난 싹을 잘 가꿔서 인생 후반전을 준비하는 겁니다.

마흔에는 세상을 호기심 어린 눈으로 바라보기 위해 노력합니다. 손가락을 휘저어 넘겨버리는 가짜 호기심이 아닌, 땀 흘려 일구는 진짜 호기심을 마음에 품습니다. 그런 노력이 황무지 같았던 인생 밭에 포도 넝쿨이 자라게 해줄 테니 말입니다.

삶에 무게를 더하는 이야기

'구 층 높이의 누각도 한 줌 흙을 쌓아서 만들어진다.'

이는 노자의 《도덕경》에 나오는 말입니다. 손가락 틈을 빠져나갈 정도로 미세한 흙도 쌓고 다지기를 반복하면 9층 높이의 화려한 누각이 됩니다. 지금 하는 일이 무의미하다고 느껴질 때 되새겨볼 말입니다.

하루는 초등학생 딸아이가 열심히 종이접기 책을 들여다보고 있었습니다. 가장 마지막 페이지인 것을 보니 종이접기의 말미를 장식할 거대한 무언가를 만들려는 모양이었습니다. 그렇게 아이는 신중하게 색종이 한 장을 집어 들었습니다.

그런데 몇 분 뒤, 기대와는 달리 아이의 손바닥 위에는 작은 원기둥 하나가 놓여 있었습니다. 고개를 갸우뚱하는 아빠에게 아이가 말했습니다.

"조금만 기다려보세요. 대단한 걸 보여드릴게요."

아이는 그렇게 말한 뒤 몇 시간을 종이접기에 매달렸습니다. 작은 아이라고만 여겼는데 무언가에 몰입하는 뒷모습이 장인의 자태였습니다.

마침내 작품이 완성됐는지 아이가 큰 소리로 엄마와 아빠를 불렀습니다. 별다른 기대 없이 아이 방에 들어갔는데 작은 원기둥들이 모여 꽃을 이루고 그 꽃이 모여 하나의 커다란 모빌이 되어 있었습니다. 그랬습니다. 처음 아이가 만든 작은 원기둥은 큰 모빌을 이루는 꽃 그리고 그 꽃을 이루는 꽃잎이었습니다.

한 줌 흙이 쌓여 9층 높이의 누각이 되고, 작은 원기둥이 모여 화려한 모빌이 됩니다. 마흔에는 그런 귀중한 한 줌의 흙, 작은 원기둥을 찾기 위해 노력합니다.

믿음은 남이 아닌, 자신이 준 것이다
Reading Aesop's Fables at Forty Is No Light Matter

나무꾼이 한 소나무를 쪼개고 있었다. 그는 나무를 쪼개기 위해 소나무를 깎아 만든 쐐기를 사용했다. 끝이 뾰족한 쐐기는 소나무를 쪼개기에 안성맞춤이었다. 몸통이 이리저리 쪼개진 소나무가 말했다.

"쇠도끼가 나를 베어낸 아픔보다 저 쐐기들에게 쪼이는 아픔이 더 크구나."

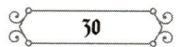

큰 나무를 목재로 쓰기 위해서는 도끼로 베어낸 뒤 알맞은 크기로 쪼개야 합니다. 이때 나무를 쪼개기 위해서 끝이 뾰족한 쐐기를 사용합니다. 사선 모양의 쐐기를 군데군데 박아놓고 그 뒤를 내리치면 큰 힘을 들이지 않고도 나무를 쪼갤 수 있습니다.

이야기 속 소나무도 나무꾼에게 베이고 쪼개졌습니다. 그런데 소나무는 쇠도끼에 베이는 아픔보다 쐐기에 찢기는 아픔이 더 크다고 말합니다. 소나무인 자기에게서 비롯된 쐐기가 몸통을 헤집고 있으니 그 속이 말이 아니었습니다. 이렇듯 한편이라고 여겼던 이에게 당하는 고통은 배가 되는 것입니다.

한 야구 선수가 불명예스럽게 은퇴했습니다. 승부조작에 가담해 몇 년 동안 수억 원을 편취한 혐의로 수사기관의 조사를 받게 된 것입니다. 10년 가까이 헌신한 선수가 돈 때문에 승부를 조작했다는 사실에 팬들은 큰 충격에 빠졌습니다. 그동안 한배를 탔다고 생각한 사람이 자신들 몰래 선체에 구멍을 내고 있었던 것입니다.

믿었던 사람의 배신은 씻을 수 없는 상처를 남깁니다. 때론 배신자에게 입은 경제적 손해보다 정신적 충격이 큰 탓에 재기불능 상태에 빠지기도 합니다. 이때 차갑게 등 돌린 사람을 붙잡아 이유를 물으면 대개 이렇게 말합니다.

"제가 믿어달라고 말한 적 있나요? 그렇게 믿고 싶었던 사람은 당신 아닌가요?"

맞습니다. 상대방을 '믿을 만한 사람'이라고 여긴 것은 그 누구도 아닌 자신입니다. 상대의 달콤한 유혹을 한입 맛보기 위해 덤벼든 것은 자신이라는 것을 알아야 합니다. 그러니 배신을 당하더라도 상대를 원망하기 이전에 자기 마음을 돌보는 것이 먼저입니다.

주위를 돌아보면 이런 사람이 꼭 있습니다. 야심 차게 사업을 시작했다가 본전도 찾지 못하고 빚만 얻은 사람 말입니다. 그리고 그들은 '믿던 사람에게 배신당했다', '좋은 사업 아이템이라고 홍보하는 탓에 투자했다', '친척이라 믿을 만하다고 생각했는데 돈 앞에서는 남이더라'라는 식의 비슷한 이야기를 합니다.

등 뒤에 비수를 날리는 사람이 '나쁜 놈'입니다. 하지만 그런 배신의 기회를 제공하는 것은 자기 자신입니다. 그러니 만약 비수가 날아와 가슴에 박혔다면 '어떻게 네가 그럴 수 있어?'라는 말을 내뱉는 것이 아니라, 재빨리 비수를 뽑고 상처 부위를 틀어막아야 합니다.

마흔에는 불현듯 찾아오는 유혹에 흔들리지 않겠다고 다짐해보지만 결코 쉽지 않습니다. 얼굴빛을 꾸미며 다가오는 사람에게 믿음을 주고 상대가 그 믿음을 저버렸다며 비통해하는 굴레에 빠지는 것을 보면 아직 배워야 할 것이 많습니다.

지금껏 마음을 다잡고 굳센 걸음으로 나아간다고 생각했지만 딛고 선 땅 자체가 흔들리고 있는지도 모르겠습니다. 이제, 믿음을 준 사람은 그 누구도 아닌 자기 자신이라는 것을 압니다. 그러니 한배를 탄 사람 중에 끝까지 함께할 사람을 가려내기 위해 노력합니다.

만약 선체에 구멍을 뚫는 사람이 있다면 가차 없이 그를 바다로 내

던져야 합니다. 그리고 그를 내치며 마음속으로 생각합니다. '오히려 배가 침몰하기 전에 그를 몰아낼 수 있어서 다행이다'라고.

삶에 무게를 더하는 이야기

선입견은 상대방을 제대로 바라보지 못하게 마음의 눈을 가립니다. 대개 선입견은 남의 안 좋은 면을 찾으려는 시도에서 비롯됩니다. 하지만 그 반대의 경우도 있습니다. '그는 좋은 사람이야', '그는 언제나 나를 지지해', '굳이 세를 나누자면 그는 나와 한편이야'와 같은 좋은 선입견입니다.

그런데 상대의 속마음을 넘겨짚어 생각하는 것은 스스로 배신당할 가능성을 높이는 일입니다. 그러니 남을 있는 그대로 바라보고 내 마음 또한 제대로 알아야 합니다.

평소 알고 지내던 지인 중에 인상이 참 좋은 분이 계셨습니다. 우연한 계기로 함께 식사했는데 근처 자동차 판매점의 지점장이셨습니다. 그 뒤로도 몇 차례 식사 자리를 가졌고 개인적인 안부를 묻는 사이가 되었습니다. 항상 긍정적인 기운을 전하는 분이라 함께하는 시간이 즐거웠습니다. 어느새, 그분을 '내 편'이라고 여기게 되었습니다.

10년 가까이 타던 차를 바꿔야 할 시기가 되었습니다. 저는 고민 없이 그분에게 연락했습니다. 그분은 직접 시승을 시켜주며 차에 대한 세부적인 것을 친절하게 설명해주었습니다. 그렇게 아무런 문제 없이 계약하고 몇 주 뒤 새 차를 인계받았습니다.

그런데 며칠 차를 운행하던 중에 이상한 일이 생겼습니다. 차량 수납장 안쪽에서 누구의 것인지 알 수 없는 물건이 나온 것입니다. 순간 새 차 특유의 냄새도 덜하다는 생각이 들었습니다. 그래서 그분에게 연락해서 상황을 설명하고 이유를 물었습니다. 정확한 해명을 듣지 못한 저는 매장을 찾았고, 사건의 전말을 알게 되었습니다. 그분은 좀 더 많은 이윤을 남기기 위해 매장에 전시되어 있던 차량을 제게 판 것이었습니다.

차에 특별한 하자가 없으니 전시 차량도 잘 타면 그만입니다. 하지만 믿었던 사람에게 배신당했다는 사실에 가슴이 아팠습니다. 애초에 그분의 밝은 기운은 저를 지지하고 응원하기 위함이 아니었을지 모릅니다.

마흔에는 이런 마음의 상처가 수시로 생깁니다. 그렇다고 상처받지 않겠다는 마음으로 불신의 삶을 살아가고 싶지는 않습니다. 그러니 늘어나는 마음의 상처를 잘 치유하는 법을 배워야 합니다. 물론 쉽지 않은 일입니다. 화를 낼 기운조차 나지 않을 수도 있습니다. 그럼에도 상대를 원망하고 미워하는 대신 내 마음을 돌보기로 합니다.

저는 그분에게 아무런 책임을 묻지 않고 뒤돌아서 매장을 나왔습니다. 그리고 휴대전화를 꺼내 들어 그분의 전화번호를 검색한 뒤 이름

옆에 몇 글자를 추가했습니다. '사기꾼'이라고 말입니다. 물론 거친 욕설 한마디도 덧붙였습니다. 그렇게 훌훌 털어버리는 것이 내 마음을 치유하는 가장 좋은 방법입니다.

인생의 변곡점은 스스로 만드는 것이다
Reading Aesop's Fables at Forty Is No Light Matter

 사냥꾼이 높은 나무에 올라앉은 새 한 마리를 보았다. 마침, 사냥꾼에게는 긴 장대와 끈끈이가 있었다. 사냥꾼은 장대 끝에 끈끈이를 바르고 새를 낚아채기 위해 조심스럽게 나무 아래로 다가갔다. 그런데 새를 응시하며 걷던 사냥꾼은 발아래 잠자고 있던 뱀을 발견하지 못하고 그만 뱀의 꼬리를 밟고 말았다. 놀란 뱀이 고개를 들어 사냥꾼을 물었고, 그는 죽어가며 말했다.

"새를 잡으려다가 도리어 내가 뱀에게 물리고 말았구나."

위 이야기 속 사냥꾼은 우연히 발견한 새 한 마리에 가슴이 두근거리기 시작합니다. 그리고 마침 가지고 있던 도구를 이용해 사냥감을 잡는 묘안을 생각해냅니다. 모든 준비를 마친 사냥꾼은 숨을 죽이고 새가 내려앉은 나무를 향해 다가갑니다. 물론 시선은 새에게 고정한 채로 말이죠. 그런데 잠시 뒤, 사냥꾼은 발밑 아래에 물컹거리는 느낌이 나서 걸음을 멈췄고 그제야 시선을 아래로 돌립니다. 그것이 사냥꾼의 최후였습니다. 눈앞의 사냥감에 정신이 팔려 주변을 살피지 못한 실수가 '죽음'이라는 결과를 초래한 것입니다.

흔히 어떤 결정을 내릴 때 "제반 사정을 충분히 고려해서 생각해야 한다" 하는 조언을 듣습니다. '제반'이란 '어떤 것과 관련된 모든 것'이라는 의미입니다. 그래서 위의 조언을 풀어쓰자면 '그것과 관련된 모든 것을 고려하여 종합적으로 판단하라'가 됩니다. 그럴싸한 이야기입니다.

그런데 어떤 판단을 내릴 때 '모든 것'을 고려하는 것은 불가능합니다. 일상에서 겪는 사소한 일에도 다양한 변수가 존재하는데, 난도가 높은 일은 통제할 수 없는 부분이 훨씬 더 많습니다. 때론 운에 맡겨야 할 정도로 결과를 예측하기 어려운 경우도 허다합니다. 그럼에도 최선의 선택지를 찾는 일을 포기하지 않아야 인생은 좀 더 나은 방향으로 흘러갑니다.

제반 사정을 완벽하게 고려할 수는 없더라도 '고려하려는 노력'은 해야 합니다. 이때 가장 중요한 것은 눈앞의 벌어진 일을 최대한 작게 만들어서 바라보는 연습입니다.

자기에게 일어난 일은 아무리 사소한 일이라도 간단히 넘기지 못합니다. '좋은 일', '나쁜 일' 구분 없이 말입니다. 그래서 눈앞의 일을 한 발, 아니 될 수 있는 한 멀리 떨어져서 바라볼 수 있어야 합니다. 문제로부터 멀어지면 멀어질수록 마음은 차분해지고 더 많은 것을 살필 수 있습니다.

인생을 살아가며 화와 복이 교차하는 지점을 수없이 지납니다. 새를 발견한 기쁨이 발아래 뱀을 발견하지 못한 불행으로 변하는 것처럼 말입니다. 인생에서 그런 변곡점을 줄여나가야 평온한 삶을 살 수 있습니다. 그러니 어떤 일을 멀리 떨어져서 바라보는 연습은 결국 인생의 변곡점을 줄이는 일입니다.

마흔에는 불행이 찾아들 때 최대한 문제를 멀리 두고 '지금 할 수 있는 일'을 찾아 나섭니다. 반대로 행운이 찾아온다면 기쁨에 매몰되지 않도록 애써 시선을 발아래에 둡니다. 그런 노력이 화가 복이 되는 지점은 늘리고, 복이 화가 되는 불상사는 막아줄 겁니다.

인생의 변곡점은 남이 아닌 스스로 만드는 것입니다. 그리고 '멀리 두고 보는 연습'이야말로 그 책임에서 벗어나는 유일한 방법임을 깨닫습니다.

삶에 무게를 더하는 이야기

무언가에 최선을 다하기 위해서는 그것을 대하는 마음가짐에 '즐거움'이라는 요소가 있어야 합니다. 일이든 취미이든 인간관계이든 마찬가지입니다. 스스로 즐기지 못하면 마음을 다할 수 없습니다. 그런데 때론 한 가지 일에 온 마음을 쏟는 일은 주변을 살피지 못하게 만들고, 이는 곧 삶의 균형을 흐트러뜨리는 결과로 이어집니다.

30대 후반에 시작한 테니스가 마흔에 접어들어 평생을 이어갈 취미가 되었습니다. 어느 정도 실력이 쌓이자, 동호인 대회를 나가보고 싶은 욕심이 생겼습니다. 그래서 지역에서 개최하는 대회에 출전 등록을 했습니다. 대회 당일까지 남은 기간은 대략 3주였습니다. 그때부터 테니스 연습에 마음을 다하기 시작했습니다.

새벽부터 아무도 없는 코트에 나와 홀로 서브 연습을 했습니다. 몇 개의 공을 날렸는지 셀 수 없을 정도로 열심히 쳤습니다. 퇴근 후에는 지인들과 게임을 하며 실전 감각을 익히기 위해 노력했습니다. 그야말로 '테니스 코트에서 먹고 잔다'라는 표현이 어울릴 정도였습니다.

그런데 일이 터졌습니다. 대회를 일주일 남기고 발에 이상이 생긴 것입니다. 사실 연습을 시작하고 며칠 뒤부터 발바닥이 시큰거렸지만 대수롭지 않게 넘겼습니다. 시큰거림은 곧 짜릿한 통증으로 변했고 제대로 걷지 못할 정도가 되었습니다. 하는 수 없이 병원에 들러 진찰을 받았는데, 병명은 '족저근막염'이었습니다. 아쉽게도 첫 대회 출전의 꿈을 접을 수밖에 없었습니다. 테니스라는 즐거움에 매몰되어 아픈 발을 내려다보지 못한 것입니다.

즐거움은 몰입을 이끄는 원동력이 됩니다. 하지만 즐거움이 과하면 발바닥의 시큰거림도 잊을 만큼 어리석어지는 것입니다. 마흔에는 몸도 마음도 잘 살펴야 한다는 것을 깨닫습니다.

이제는 앞만 보며 내달리는 자신을 멈춰 세우고 주변을 돌아봅니다. 그리고 불편한 곳은 없는지, 놓아두고 온 것은 없는지, 안부를 물어야 할 사람은 없는지를 스스로에게 묻습니다. 그런 노력이 발바닥 건강을 챙기게 만들고 좋아하는 일을 오래도록 이어갈 수 있게 해줄 겁니다.

질투는 타고난 본성을
외면하는 자에게 찾아온다

Reading Aesop's Fables at Forty Is No Light Matter

 하루는 하늘을 날던 솔개가 기세 좋게 울어대는 말을 보게 되었다. 솔개는 우렁찬 말 울음소리가 부러웠다. 그래서 그날부터 솔개는 말 울음소리를 따라 하기 시작했다. 하지만 솔개는 말 울음소리를 어설프게 흉내 내는 데 그치고 말았다. 결국 솔개는 말의 울음소리뿐 아니라 자기 울음소리도 제대로 낼 수 없는 지경이 되었다.

남의 떡이 커 보이는 법입니다. 자기 손안의 것을 귀하게 여기지 못하는 탓입니다. 이야기 속 솔개는 우렁차게 울어대는 말이 부러웠습니다. 하지만 태생이 다른 자신이 말의 울음소리를 낸다는 것은 불가능한 일이었습니다. 그렇게 몇 날 며칠을 따라 하던 솔개는 결국 본래 자기 울음소리마저 잊어버리게 됩니다.

윌리엄 셰익스피어의 비극 〈오셀로〉에 이런 대사가 나옵니다.

"공기처럼 가벼운 사소한 일도 질투하는 이에게는 성서의 증거처럼 강력한 확증이다."

우리는 인생의 많은 시간을, 남을 부러워하고 질투하는 데 허비합니다. 아무리 사소한 일도 부러움의 대상이 되는 순간 가슴 한편에 자리 잡아 쉽게 떨칠 수 없습니다. 이는 곧 집착이 되고 자신이 이룰 수 없는 지점에 다다라서 질투로 변합니다.

'질투하는 삶'에서 벗어나려면 타고난 본성을 수시로 들여다봐야 합니다. 위 이야기 속 솔개는 자신의 울음소리에 대해 진지하게 생각해본 적이 없었습니다. 날카롭고 또렷한 자기 울음소리는 존재감을 뽐내기에 손색이 없었는데도 덧없이 말 울음소리를 부러워한 겁니다.

사실 솔개에게 울음소리는 사냥하는 데 불필요한 요소입니다. 기척을 숨기고 민첩하게 먹잇감을 낚아채려면 숨소리조차 내지 않아야 하기 때문입니다. 그런데 말 울음소리를 듣고 부러운 마음이 들자, 울음소리는 인생에서 꼭 얻어야만 하는 '성서의 증거'가 되어버립니다. 이렇듯 자기 본성을 깨닫고 인정하는 과정은 질투의 늪에서 벗어나는 길이자 삶에서 중요한 것을 바라보는 연습입니다.

마흔은 '불혹(不惑)'입니다. 공자는 유혹에 흔들리지 않을 나이라고 말했지만, 그 어느 때보다 유혹 거리가 넘칩니다. 그런데 가만히 생각해보니 남을 부러워하는 마음이 오만가지 유혹 거리를 조달하고 있었습니다.

잠시 눈을 감고 생각해봅니다.

'나보다 빠르게 성장하는 동료를 부러워하고 있지는 않은가?'
'큰 평수의 집에 사는 지인이 부럽지는 않은가?'
'자식이 영재라며 자랑하는 그분의 양육법을 궁금해하지는 않은가?'
'투자에 성공해서 해외여행을 떠난다는 사람을 부러워하고 있지는 않은가?'

어느 것 하나 쉽게 떨칠 수 없는 것들입니다. 이제는 손안의 것을 소중하게 바라보며 타고난 자기 모습을 보듬기 위해 노력합니다. 그렇게 '인정하는 삶'으로의 전환은 마음속에 자리 잡은 부러움을 하나둘 떨쳐내는 힘이 됩니다.

삶에 무게를 더하는 이야기

흔히 '부러우면 지는 거다'라는 표현을 씁니다. 남을 시기하는 것은 곧 자기를 부정하는 일인 것입니다.

어떤 주제를 던져줘도 청산유수같이 말을 잘하는 사람이 있습니다. 참 부러울 따름입니다. 대부분의 재능이 그렇듯 말하기 능력도 타고난 부분이 큽니다. 남 앞에서 입을 떼기가 죽을 만큼 힘든 사람이 있는가 하면, 반대로 입을 다무는 것이 어려운 사람이 있습니다. 그 긴장도의 차이만큼 말하기 능력도 차이가 날 수밖에 없습니다.

마흔에는 삶 전반에서 말하기 능력이 요구됩니다. 남 앞에 서는 것이 두렵기까지 한 저에게 '말하기'란 고역 중의 고역이었습니다. 긴장한 나머지 준비한 내용을 뒤죽박죽 전하다 보니, 발표의 순간은 늘 좋지 않은 기억으로 남아 있습니다.

그래서 말 잘하는 직장 동료를 보면 부럽습니다. 부러운 마음이 쌓이고 쌓여서 어느 순간 질투심으로 번져갑니다. 하지만 이제 마음을 고쳐먹습니다. 나에게 주어진 타고난 본성에 집중해보기로 말입니다.

저는, 말하기 능력은 부족하지만 글 쓰기 능력은 그에 비해 나은 편이었습니다. 그래서 반드시 대면해야 할 일이 아니라면 꼼꼼하게 작성한 문서로 의견을 전하기 시작했습니다. 오로지 쓰는 일에 몰두하기 시작하자 간결한 문장 속에 정확한 정보를 담을 수 있게 되었습니다.

그런데 놀라운 일은 그런 노력이 말하기 능력을 키워줬다는 점입니다. 생각을 문장으로 정리하는 과정은 말할 내용을 명확하게 해주었고, 이는 머릿속에 '언제든 꺼내 쓸 수 있는 말할 거리'를 담는 일이었습니다.

　이제 회의에서 말해야 할 때 전처럼 긴장하지 않습니다. 유려한 말솜씨는 아니더라도 전할 내용을 짧고 간결하게 이야기할 수 있습니다. '글쓰기'라는 타고난 본성에 집중하자 '말하기'라는 인생의 숙원을 푸는 실마리를 찾게 된 것입니다.

　그렇게 마흔에는 부러움 앞에 '패배'라는 성적표를 받아 들기 전에 타고난 본성을 다시 한번 살피기로 합니다.

못 가본 길을 걷기 전에
지금 걷는 길을 사랑하라

Reading Aesop's Fables at Forty Is No Light Matter

 당나귀 한 마리가 있었다. 당나귀는 화초를 키우는 주인 밑에서 제대로 먹지도 못하고 무거운 짐을 나르며 힘든 일을 해야 했다. 참다못한 당나귀는 신께 다른 주인에게 팔려나가게 해달라고 기도했다.

신은 그 기도를 들어주었고, 당나귀는 옹기 만드는 사람을 새 주인으로 모시게 되었다. 하지만 당나귀는 흙과 옹기를 나르느라 이전보다 고생이 심했다. 당나귀는 또다시 신께 주인을 바꿔달라고 기도했다. 신은 이번에도 당나귀의 기도를 들어주었고, 당나귀는 짐승의 가죽을 손질하는 사람을 새 주인으로 모시게 되었다. 그런데 당나귀가

새 주인이 하는 일을 둘러보니 이전의 고생은 고생도 아니었다. 당나귀는 한숨을 내쉬며 말했다.

"이전 주인 곁에 그대로 있어야 했는데. 지금 주인은 내게 죽어라 일만 시키다가 결국 내 가죽마저 벗겨낼 것이 분명해."

⚜

 못 가본 길은 '미지(未知)'라는 딱지가 붙는 순간 신비롭게 느껴집니다. 당나귀에게도 새 일터는 '못 가본 길'이었습니다. 그렇게 당나귀는 의심의 여지 없이 밝은 미래를 꿈꿉니다. 하지만 막상 미지의 길에 들어서자, 당나귀를 기다리고 있는 것은 더한 고통뿐이었습니다.

 대부분의 직장인은 자기가 일하는 곳이 적어도 동종 업종, 더 나아가서는 우리나라에서 가장 힘들다고 생각합니다. 그래서 틈만 나면 못 가본 길을 동경하며 자기 처지를 한탄합니다. 모두가 그렇게 생각하고 또 실제로 그 일이 힘들다면, 어디를 가나 고생스럽기는 마찬가지입니다. 그런데도 이직을 꿈꾸며 언제든 자리를 옮길 마음의 준비를 하는 것입니다.

 '이직에 성공했다'라고 말하는 기준은 대부분 급여의 상승에 있습니다. 하지만 새로운 직장에서 더 많은 보수를 받게 되었더라도 업무의 난도가 높고 여가 시간이 줄어들면 그 또한 불만 거리가 됩니다. 그래서 소위 신이 보살피는 직장이 아닌 한 만족스러운 이직은 없습니다.

　그렇다고 지금의 자리를 천직으로 여기며 평생 한곳에 머물러야 한다는 말은 아닙니다. 분명 못 가본 길은 알지 못하는 미지의 영역이기에 좋고 나쁨을 쉽게 예단할 수 없습니다. 그러니 어느 자리에 있든 불편하고 힘든 것에 초점을 맞추지 않아야 합니다.

　지금 하는 일이 힘들게 느껴진다면 그 일을 시작하던 때를 떠올려봅니다. 젊은 나이에 인지도 있는 기업에 입사한 자신을 부러워하는 친구가 생각납니다. 또 혼자 힘으로 카페를 창업한 자신을 '사장님'이라고 부르며 대견해하는 부모님의 모습이 떠오릅니다. 그리고 프리랜서로서 경력을 쌓아가는 자신을 인정해주는 옛 동료의 모습도 생생합니다. 감격과 설렘이 가득한 순간입니다.

　못 가본 길을 걸어보고 싶은 욕망은 누구에게나 있습니다. 그리고 미지의 영역에 들어서야 새로운 경험을 할 수 있는 것도 사실입니다. 하지만 그곳에 한 발 들이려는 이유가 지금 자리에 쌓인 불만을 해소하기 위해서라면 다시 한번 생각해봐야 합니다.

　현재의 불만은 새로운 길을 찾아 나서는 당신의 뒤꽁무니를 졸졸 따라다닙니다. 그리고 당신이 새롭게 자리 잡는 곳에 함께 뿌리내립니다. 그래서 현재의 불만은 곧 미래의 불만이 되는 것입니다.

　마흔에는 때론 앉은 자리가 불안하다고 착각합니다. 그래서 다른 일터를 둘러보며 못 가본 길에 눈길이 갑니다. 하지만 이제는 압니다. 그런 착각은 자신이 갖다 붙인 온갖 불만 거리에서 비롯된다는 사실을 말입니다.

  이제는 새로운 일터를 동경하는 대신 처음 출근하던 날을 떠올리며 지금 자리에서 최선을 다하기로 마음먹습니다. 그러자 숨 쉬듯 찾을 수 있던 불만 거리가 점점 사라집니다. 그 대신 현재 위치에서 해보지 못한 일, 못 가본 길이 보이기 시작합니다. 그렇게 먼 곳이 아닌 지금 자리에서 못 가본 길을 찾습니다.

삶에 무게를 더하는 이야기

  현대 스포츠는 시대마다 선호하는 플레이 스타일이 있습니다. 그런 흐름의 변화는 새로운 기술이 큰 효과를 내거나 운동용품이 비약적으로 발전할 때 생깁니다.

  테니스도 마찬가지입니다. 테니스 라켓은 시대를 지나며 무게는 가벼워지고 탄성은 강해졌습니다. 그에 따라 선수들은 빠르고 정확하게 공을 치기 위해 새로운 기술을 익혀나갑니다.

  테니스에서는 오른손잡이 기준으로 팔을 왼쪽에서 오른쪽으로 휘둘러 공을 치는 것을 '백핸드'라고 합니다. 백핸드는 한 손으로 라켓을 잡고 치는 방식과 양손으로 라켓을 잡고 치는 방식이 있습니다. 라켓의 스윙 속도와 정확도를 높이기에는 '양손 백핸드'가 유리합니다. 그래서 과거에는 한 손 백핸드가 유행했지만, 현대 테니스에서는 선수 중 8할 이상이 양손 백핸드 방식을 선호합니다.

저 또한 테니스를 배우기 시작하면서 "백핸드는 무조건 양손이다" 하는 말을 수없이 들었습니다. 그래서 의심의 여지 없이 양손으로 백핸드를 치기 시작했습니다. 그런데 평소 잘 사용하지 않던 근육을 써서 그런지 백핸드 동작 하나하나가 어색했습니다. 제 몸도 가누지 못하는데, 공이 제대로 맞을 리가 없었습니다. 커지는 한숨만큼 코치님의 잔소리가 늘어갔습니다.

그렇게 고전하던 어느 날, 한 프로 선수의 경기 영상을 보게 됐습니다. 한 손 백핸드를 치는 선수였습니다. 저는 화려하고 유연한 몸놀림의 백핸드 타구에 반하고 말았습니다. 제게 한 손 백핸드는 '못 가본 길'이었습니다.

그리고 다음 날, 코치님께 호기롭게 말했습니다. "제 선택은 한 손 백핸드입니다"라고요. 몇 주째 고전하던 양손 백핸드에 이미 마음이 뜬 상태였습니다. 그래서 한 손 백핸드로 바꾸면 당장이라도 총알 같은 공을 칠 수 있을 것만 같았습니다.

코치님은 정말 후회하지 않겠느냐는 말을 몇 차례나 하고는 강습을 시작했습니다. 간단하게 자세를 익히고 본격적으로 공을 쳐봤습니다. 그런데 제가 치는 한 손 백핸드는 생각과는 달리 전혀 우아하지 않았습니다. 양손으로 칠 때보다 안정감은 부족했고 몸을 몇 배나 바삐 움직여야 겨우 공을 맞힐 수 있었습니다. 그렇게 단 한 번의 강습 끝에 다시 양손 백핸드로 돌아왔습니다.

  그렇게 못 가본 길을 걸어봤습니다. 그런데 그 길은 꽃길이 아니었습니다. 때론 못 가본 길을 걸어봐야 현재의 소중함을 알게 된다는 사실을 깨닫습니다.

칭찬에 휘둘리지 않는
인생을 살아가는 방법

Reading Aesop's Fables at Forty Is No Light Matter

 까마귀 한 마리가 고기 한 덩어리를 입에 물고 나뭇가지에 내려앉았다. 까마귀가 고기를 한 입 맛보려는 순간, 길을 지나던 여우가 까마귀에게 말을 걸었다.

"까마귀님, 까마귀님이야말로 기세가 높고 풍채가 아름다워서 새들의 왕이 될 자질이 충분합니다. 목소리마저 우렁차다면 분명 그리될 것입니다."

한껏 기분이 좋아진 까마귀는 여우에게 자기 목소리를 들려주고 싶었다. 그래서 입에 물고 있던 고기를 내던지고 기세 좋게 울어댔다. 그 모습을 지켜보던 여우는 재빠르게 달려가 떨어진 고기를 낚아채며 말했다.

"까마귀야, 네가 새들의 왕이 되려면 먼저 현명함을 갖춰야 할 거야."

⚜

 칭찬은 고래를 춤추게 합니다. 까마귀도 여우의 달콤한 말에 신이 나서 감정이 한껏 고조됩니다. 그렇게 한참을 울어대고 정신을 차려 보니, 고기는 이미 여우의 손에 넘어간 뒤였습니다. 으스대던 까마귀에게 돌아온 것은 억울함과 배고픔이었습니다.

 《논어》〈학이〉편에서 공자는 말합니다.

 '말을 교묘하게 하고 보기 좋게 얼굴빛을 꾸민 사람 중에는 어진 이가 드물다.'

 '교언영색(巧言令色)'은 '말을 교묘하게 하고 얼굴빛을 좋게 꾸미다'라는 뜻입니다. 간사한 꾀를 부리는 사람의 전형적인 모습입니다. 이야기 속 여우는 까마귀의 환심을 사기 위해 속에도 없는 말을 내뱉습니다. 까마귀가 고기를 내던지게 만들기 위해서 '교언영색'한 것이죠.

 인생에서 여우 같은 사람을 많이 만납니다. 그들은 눈에 보이는 고깃덩이를 얻기 위해서, 때론 관계의 우위를 차지하기 위해서 교묘한 말을 하고 낯빛을 꾸밉니다.

 "너 정도 위치면 중형차 이상은 타야 하지 않겠어? 이번에 새로 출시된 차가 있는데 내가 특별히 직원 할인까지 넣어서 맞춰줄게. 시승이라도 한번 해봐."

"내 친구 중에 너처럼 배려심 깊은 애가 없는 거 같아. 그래서 말인데, 혹시 약속일을 바꿀 수 없을까? 그날 내가 갑자기 일이 생겨서. 이해해줄 거지?"

"우리 부서에서 자네만큼 문서를 잘 만드는 사람이 없어. 이번 건은, 자네 일은 아니지만 한번 맡아서 해줄 수 있겠나?"

칭찬의 말에 휘둘리기 시작하면 속절없이 자기 것을 내어주고 맙니다. 자신이 감당할 수 없는 칭찬은 한 귀로 흘려보내는 것이 맞습니다. 만약 관계가 소원해질까 봐 염려된다면 오히려 낯빛이 번지르르한 그 사람과는 연을 끊는 것이 낫습니다. 그들의 칭찬에 잠시 기뻐한 대가로 억울함과 배고픔을 느끼지 않으려면 말입니다.

남이 해주는 칭찬은 가려들어야 하지만, 자신이 스스로에게 하는 칭찬은 넉넉해도 좋습니다. 다만 타고난 본성을 있는 그대로 바라본다는 전제하에서 말입니다.

만약 이야기 속 까마귀가 자기 목소리와 생김새를 있는 그대로 인정했다면 여우의 말에 쉽게 흔들리지 않았을 겁니다. 여우가 말하는 '우렁찬 목소리'를 까마귀는 가지고 있지 않습니다. 까마귀의 울음소리는 높고 단단한 소리에 가깝지, 사자의 포효처럼 우렁차지 않습니다. 평소 까마귀가 자신의 특색 있는 목소리를 인정하고 사랑했다면 분명 여우의 말이 교묘한 속임수라는 것을 알아차렸을 겁니다.

마흔에는 내 모습 그리고 내가 가진 것을 천천히 들여다보고 사랑하기로 합니다. 그리고 자신에게 칭찬의 말을 꾸밈없이, 또 넉넉하게 전합니다. 그렇게 교언영색하는 사람들에게 휘둘리지 않는 단단한 마흔이 되어갑니다.

삶에 무게를 더하는 이야기

거짓된 칭찬은 환심을 사기 위한 말, 즉 '아첨'이기도 합니다. 아첨의 말에는 알맹이가 없습니다. 그저 상대의 기분을 살피며 좋은 단어를 나열하는 것에 불과합니다.

퇴고를 위해 집 근처 도서관에 들렀습니다. 주로 머무는 자리에서 열심히 작업에 집중하고 있었습니다. 그런데 누군가가 다가와 조용히 말을 걸었습니다.

"안녕하세요?"

처음 보는 얼굴이었습니다. 당황한 표정을 짓는 내게 그는 이어서 말했습니다.

"저는 글을 쓰는 사람인데요. 잠시 시간을 내주실 수 있을까요?"

정중하게 말하는 그의 태도에 흔쾌히 옆자리를 내어주었습니다. 자리에 앉은 그는 내게 말을 건 이유를 설명했습니다. 자신은 AI 기술을 활용해서 지역 사람들의 이야기를 담은 책 한 권을 쓰고 있고, 다침

내가 눈에 띄어 사연 하나를 들려줄 수 있느냐는 것이었습니다.

저보다 몇 살 아래로 보이는 그의 열정이 부럽기까지 했습니다. 그래서 저의 첫 번째 책 출간 과정을 들려주었습니다. 출간 작가라는 제 말에 그는 반갑고 놀랍다는 이야기를 여러 차례 했습니다. 그렇게 그는 제 이야기를 다 들은 후 초고가 완성되면 연락을 주겠다는 말을 남기고 자리를 떠났습니다.

몇 주가 흘렀습니다. 그가 장문의 문자 한 통을 보내왔습니다. 그는 책의 초고가 완성되었다는 말과 함께 나의 출간작을 모두 읽어봤다고 했습니다. 그리고 다소 민망한 칭찬의 말도 덧붙였습니다.

그런데 문자의 마지막 줄에 예상치 못한 내용이 담겨 있었습니다. 책을 제작하는 데 생각보다 큰 비용이 들어간다는 것 그리고 일정량의 책을 사줄 수 있느냐는 것이었습니다. 당황한 마음을 추스르고 잠시 고민한 뒤 답장을 보냈습니다.

'작가님, 인터뷰 즐거웠습니다. 앞으로의 집필 활동을 응원하겠습니다.'

사실, 호의로 책 몇 권을 사줄 수도 있었습니다. 하지만 문자에 담긴 칭찬의 의미를 있는 그대로 받아들일 수 없었습니다. 그는 나의 첫 책과 두 번째 책이 어린 딸과의 추억을 담은 이야기라 인상 깊게 봤다고 했습니다. 하지만 두 번째 책은 딸아이의 어린 시절 이야기가 아니라, 딸아이가 성년이 되었다는 가정하에 쓴 편지글이었습니다. 아마도 그는 제 책을 읽지 않고 그저 교언영색한 모양이었습니다.

이제는 상대의 아첨하는 말에 쉽게 휘둘리지 않습니다. 그리고 나 또한 교묘한 말과 거짓된 표정으로 살아가고 있는 것은 아닌지 되돌아봅니다. 그렇게 마흔에는 '알맹이 없는 칭찬'은 듣지도, 하지도 않기로 합니다.

먹잇감을 잡기 위해서는 압도적인 능력이 필요하다

Reading Aesop's Fables at Forty Is No Light Matter

배고픈 사자가 길을 지나다가 잠들어 있는 토끼 한 마리를 발견했다. 조심스럽게 토끼에게 다가가던 사자는 부스럭거리는 소리가 들려 주변을 돌아봤다. 그랬더니 멀지 않은 곳에서 물을 마시고 있는 사슴 한 마리가 눈에 들어왔다. 사자는 토끼를 뒤로하고 사슴을 향해 달려들었다. 하지만 재빠르게 반응한 사슴은 사자를 따돌리고 저 멀리 달아났다. 사자는 토끼라도 잡아먹을 생각에 다시 원래의 자리로 돌아왔지만, 토끼는 이미 잠에서 깨어 도망가고 없었다. 굶주린 배를 움켜잡으며 사자가 말했다.

"더 큰 고기 먹어보겠다고 욕심을 부리다가 다 잡은 먹이마저 잃어버렸구나."

❦

 이야기 속 사자는 눈앞의 토끼를 두고 더 큰 먹잇감을 쫓습니다. 낮잠에 빠져 있던 토끼는 사자의 뜀박질 소리에 화들짝 놀라 깨어납니다. 그리고 잠시 몽롱한 정신을 가다듬은 토끼는 뒤도 돌아보지 않고 줄행랑을 칩니다. 결국 욕심을 부리던 사자는 손쉽게 잡을 수 있는 먹이를 스스로 놔준 꼴이 되고 맙니다.

 인간의 욕심은 끝이 없습니다. 욕심이 지나친 사람은 손안의 것을 소중히 여기지 않고 더 큰 것을 얻기 위해 허황한 꿈을 좇습니다. 마치 다 잡은 토끼를 놓쳐버린 사자처럼 말입니다.

 독일의 문호 요한 볼프강 폰 괴테가 쓴 소설 《파우스트》는 인간의 끊임없는 욕망이 어떤 결말을 맞이하는지 잘 보여줍니다. 주인공 파우스트는 인간이 닿을 수 있는 영역의 모든 학문을 섭렵했음에도 삶의 허무를 느낍니다. 결국 그는 악마 메피스토펠레스와 계약을 하고 세상의 모든 쾌락과 지식을 경험하게 됩니다. 하지만 더 큰 만족과 욕망을 좇는 여정에서 파우스트는 자신의 영혼과 소중한 것들을 잃고 맙니다.

 우리의 삶이 소설 속 파우스트의 생애와 다르다고 말할 수 있을까요? 단 십억에 영혼을 팔 사람이 주변에 널린 것을 보면 다르다고 쉽게 말할 수 없습니다. 그럼, 지금 삶을 소중히 여기고 허황한 꿈을 좇지 않으려면 어떻게 해야 할까요?

'저 멀리 보이는 먹음직스러운 사슴을 잡을 만한 자격이 있는가?'라고 자문해봐야 합니다. 사슴을 잡을 능력이 없다면 아무리 뒤를 쫓아도 얻을 것이 없습니다. 성공적인 사냥을 위해선 먹잇감보다 약간 빠른 정도로는 부족합니다. 시속 100킬로미터가 넘는 속도로 달리는 치타조차도 사냥 성공률이 절반밖에 되지 않습니다. 지구력이 약한 탓입니다. 반면, 늑대나 하이에나는 치타보다 느리지만 뛰어난 지구력으로 먹잇감이 지칠 때까지 추격해 사냥합니다. 그러니 순간 가속력, 지구력 그리고 마지막 순간 먹잇감을 낚아채는 도약력이 충분한지 가늠해봐야 합니다.

이렇듯 손에 잡힐 듯 아른거리는 유혹 거리가 정말 닿을 수 있는 것들인지 살펴야 합니다. '고수익을 보장한다는 주식 상품', '월 매출이 억 단위라고 홍보하는 프랜차이즈 매장', '급여뿐 아니라 직원복지까지 최고 수준이라는 회사', '최신 기능을 탑재했다는 전자기기' 등등. 지금 손안의 것을 두고 좇을 만한 가치가 있는 것인지 그리고 그것들을 감당할 능력이 있는지 잘 따져봐야 합니다.

빚까지 져가며 주식에 투자하는 것은 옳지 않습니다. 또 오랜 기간 운영하던 알짜배기 식당을 접고 프랜차이즈 식당을 열기 위해선 심사숙고해야 합니다. 마찬가지로 급여만 따져서는 이직에 성공할 수 없습니다.

마흔에는 먼저 손안의 것을 충분히 소화하고 있는지 살핍니다. 만약 잠들어 있는 토끼를 자기 손으로 기절시킨 것으로 착각 중이라면 확실하게 토끼의 뒷덜미를 움켜쥡니다. 그렇게 내 것을 다 소화한 뒤에도 힘이 남을 때 주변을 살피는 것입니다.

이제 눈앞에 나타난 사슴에 마음이 동요하지 않습니다. 오히려 흥분을 가라앉히고 자기에게 사슴을 압도할 능력이 있는지를 판단해봅니다. 이런 마음가짐이 흔들리지 않는 삶을 위한 밑거름이 될 테니 말입니다.

삶에 무게를 더하는 이야기

명절날 가족이 모여서 윷놀이를 했습니다. 윷놀이는 네 개의 윷가락을 잘 던지는 것 못지않게 말을 어떻게 놓느냐도 중요합니다. 형님네 가족과 윷놀이하는데 우열을 가리기 힘들 정도의 접전이 펼쳐졌습니다. 그런데 아쉽게도 마지막 하나의 말이 상대편 말에 잡히고 말았습니다. 그리고 되돌아온 차례에서 추격의 의지를 다지며 던진 윷가락이 '도'가 나왔습니다.

패배가 확실시되는 상황. 더군다나 상대편 말은 정확히 결승지점에 있어서 다음번에 '도'만 나와도 승리하는 상황이었습니다. 그런데 마지막 차례에 딸아이가 윷가락을 집어 들더니 한껏 기를 불어넣는 것이 아닌가요. 아마도 패배를 받아들이지 못하는 모양이었습니다. 그렇게 아이의 손을 떠난 윷가락은 바닥을 뒹굴었고, 잠깐의 소란 뒤 앞과 뒤를 나누어 멈춰 섰습니다.

　모두가 숨을 죽인 순간, 깜짝 놀랄 일이 벌어졌습니다. 바로 '뒷도', 일명 '빽도'가 나온 것입니다. 우리 편 말을 한 칸 뒤로 미루면 바로 결승점입니다. 그리고 그곳에 상대편 말이 있었습니다. 결국 상대편 말을 잡고 한 번의 기회를 더 얻어 우리 편이 승리할 수 있었습니다. 어쩌면 끝까지 포기하지 않는 아이의 마음이 기회를 만들어준 것인지도 모르겠습니다.

　때론 위기의 순간에 기회가 찾아오기도 합니다. 하지만 일찌감치 포기해버리는 사람은 절대 그 기회를 잡을 수 없습니다. 눈앞의 사슴을 보고 섣부르게 내달리지 않아야 하지만, 그렇다고 또 너무 쉽게 포기해서도 안 됩니다. 충분히 사슴을 압도할 능력이 있다면 숨을 한번 크게 들이쉬고 전력 질주하는 겁니다.

　그렇게 마흔에는 뛰어야 할 때, 멈춰야 할 때 그리고 주변을 돌아봐야 할 때를 알아갑니다.

모방은 변형해야 의미가 있다
Reading Aesop's Fables at Forty Is No Light Matter

여우가 무화과나무가 심겨 있는 길을 지나고 있었다. 그런데 무화과나무 옆에는 큰 뱀 한 마리가 길게 늘어져 잠을 자고 있었다. 뱀의 크기가 얼마나 큰지 무화과나무를 눕혀놓고 길이를 잰다고 해도 결코 뒤지지 않을 정도였다. 여우는 그런 뱀이 부러웠다. 그래서 자신도 그 옆에 누워 뱀처럼 몸을 길게 늘여보았다. 그런데 너무 무리한 나머지 그만 허리가 끊어지고 말았다. 여우는 눈물을 흘리며 말했다.

"자기 처지를 생각하지 못하고 무심코 뱀을 따라 하다가 목숨을 잃게 되었구나."

이야기 속 여우는 뱀의 거대한 몸집이 부러웠습니다. 그 정도 크기라면 아무리 사나운 맹수도 함부로 덤비지 못할 것이 분명했습니다. 여우는 뱀의 곁에 누워 자기 몸을 있는 힘껏 늘이기 시작했습니다. 자신도 적의 위협을 신경 쓰지 않고 아무 곳에서나 잠들 수 있기를 바라면서 말입니다. 하지만 여우를 기다리고 있는 것은 허망한 죽음뿐이었습니다.

'모방은 창조의 어머니'라는 말이 있습니다. 잘 다져놓은 길을 따라 걷는 것은 분명 빠른 성장을 위한 밑거름이 됩니다. 하지만 사람마다 체력이 다르고, 걷는 방식이 다르고, 얻고자 하는 바가 다르기에 단순히 따라 하는 것만으로는 부족합니다. 때론 자기의 타고난 본성을 거스르며 무턱대고 따라 하다가 허리가 부러질지도 모릅니다. 그러니 모방이 창조에 이르기 위해서는 반드시 자기에게 맞는 방식으로 변형해야 합니다.

스티브 잡스는 90년대에 방영된 한 다큐멘터리에서 자신이 타사의 프로그램을 모방했다는 비난에 대해 이렇게 말했습니다.

"좋은 예술가는 베끼고, 위대한 예술가는 훔친다."

그는 자기 자신을 '위대한 예술가'에 빗대어 표현했습니다. 이는 단순히 아이디어를 차용하는 것을 넘어서서 그 본질을 완전히 흡수하고 자기에게 맞게 재창조해냈음을 강조한 말입니다.

자, 이야기 속 여우를 다시 한번 들여다봅시다. 사실, 여우가 뱀을 부러워한 이유는 '거대한 몸집'이 아니었습니다. 부러움의 진짜 이유는 큰 몸집 덕분에 적을 신경 쓰지 않고 쉴 수 있는 '여유'였습니다. 그렇다면 여우는 뱀의 옆에 누워 몸을 늘이는 것이 아닌 자기에게 맞는 은신법을 고민해야 했습니다. 초원의 흙과 비슷한 털색을 활용하고 땅굴을 파서 몸을 숨기는 등의 방법 말입니다. 여우의 모방은 창조에 이르지 못하고 결국 스스로 제 몸을 둘로 나누고 말았습니다.

잠시 멈춰 서서 자신의 걸음걸이, 말투, 입은 옷, 즐기는 취미, 듣는 노래 그리고 일상 곳곳에 세워둔 목표를 살펴봅니다. 그리고 그것이 누군가를 따라 하려는 '모방'에서 비롯된 것은 아닌지 잘 생각해봐야 합니다.

다시 한번 말하지만, 모방은 창조의 어머니가 맞습니다. 하지만 단순히 따라 하는 것만으로는 부족합니다. 그러니 자기에게 맞지 않는 부분은 과감히 힘을 주어 변형할 줄도 알아야 합니다. 모방의 진짜 이유를 깨닫고 한 단계 높은 차원에서 생각해야 한다는 의미입니다. 결국 눈에 보이는 것을 단순히 따라 하는 모방은 본질을 보지 못하기에, 창조에 이를 수 없습니다.

마흔에는 모방하는 데 그치지 않고, 베낀 것을 온전히 내 것으로 만드는 위대한 예술가가 되기 위해 노력합니다. 그렇게 길을 다지고 때로는 변형하며 나만의 삶을 살아갑니다.

삶에 무게를 더하는 이야기

준공된 지 5년이 지난 아파트는 '신축'이라고 부르기가 애매합니다. 그 사이, 인근에 새 아파트라도 들어선다면 더더욱 신축으로 분류되지 않습니다.

지금 살고 있는 아파트가 올해로 준공된 지 6년 차에 접어들었습니다. 조용한 동네 분위기와 세 식구가 살기에 알맞은 평형과 층수 그리고 부담 없는 출퇴근 거리까지, 어느 것 하나 부족함이 없는 보금자리입니다. 그런데 얼마 전부터 아내가 집 안의 조명을 바꾸고 싶다고 이야기했습니다. 그래서 아내에게 물었습니다.

"혹시 집이 좀 더 밝았으면 해서 그래?"

"아니, 밝기는 적당해. 오 년쯤 살았으니까 실내 분위기를 한 번쯤 바꿔보고 싶어서."

입주하던 날의 기억이 아직도 생생한데 기능상 문제가 없는 조명을 교체하려니 조금 망설여졌습니다. 그러던 어느 날, 윗집에 사는 분의 초대를 받아서 그 집을 방문했습니다. 그런데 우리 집과 같은 구조, 같은 평형인데도 뭔가 분위기가 달랐습니다. 그 이유는 바로, 기존의 조명을 철거하고 새것으로 모두 교체했기 때문입니다. 아내가 바라던 색다른 분위기의 조명이었습니다.

집으로 돌아와서 '조명 교체의 건'에 대해 아내와 이야기를 나눴습니다. 아무 문제 없는 조명을 떼어내기가 아깝다가도, 윗집의 색다른 분위기가 눈에 아른거렸습니다. 그런데 순간, 뭔가를 놓치고 있다는 생각이 들었습니다. 아내가 원하는 것은 단순히 조명을 교체하는 게 아닌 '집 분위기의 변화'였습니다. 그랬습니다. 분위기를 바꾸는 방법에는 조명을 교체하는 것 외에도 다양한 대안이 있다는 사실을 깨달았습니다.

아내와 오랜 대화 끝에 마침내 합의점을 찾았습니다. 다음 날, 가족이 함께 조명 가게가 아닌 꽃집에 들렀습니다. 그리고 서로 마음에 드는 꽃과 화병을 사서 집으로 돌아왔습니다. 거실 한편에 빨간색, 주황색, 하얀색 꽃이 자리 잡으니, 집 안이 화사해졌습니다. 아내가 바라던 '분위기의 변화'였습니다.

무턱대고 따라 하는 것은 정답이 아닙니다. 모방은 좋은 출발을 가능하게 하지만 인생이라는 경기를 완주하기 위해서는 알맞은 변형이 필요합니다.

진실한 삶에 편안함이 깃든다
Reading Aesop's Fables at Forty Is No Light Matter

 양치기 소년이 양 떼를 언덕으로 몰고 가 풀을 먹이고 있었다. 한가로이 시간을 보내던 소년은 장난기가 발동해 높은 곳에 올라 마을 사람들에게 소리쳤다.

"늑대가 나타났어요, 늑대가!"

곧이어 사람들이 달려왔지만, 소년의 거짓임을 알고 허무해하며 돌아갔다. 며칠 뒤 소년은 또다시 장난을 쳤고, 몇몇 사람이 달려왔지만 역시나 허탕을 치고 말았다. 소년은 자기 말에 속은 사람들을 보며 통쾌해했다.

그렇게 얼마의 시간이 흐른 뒤, 소년은 울부짖으며 언덕에 올랐다.

그리고 소리쳤다.

"늑대가 나타났어요, 늑대가! 이번에는 진짜라고요!"

정말로 늑대가 나타나 소년의 양들을 가차 없이 물어 죽이고 있었다. 하지만 이미 두 번이나 속았던 사람들은 아무도 그 말을 믿지 않았다. 그렇게 소년은 양을 모두 잃고 말았다.

⚜

'양치기 소년'으로 잘 알려진 이야기입니다. 반복된 거짓말은 돌고 돌아 결국 자기 발목을 붙잡습니다.

처음 양치기 소년의 말을 들은 사람들은 몽둥이를 챙겨 들고 언덕으로 내달렸습니다. 하지만 그들을 기다리고 있는 것은 늑대가 아닌 장난스러운 표정의 소년이었습니다.

두 번째도 마찬가지였습니다. 점점 소년은 자기가 내뱉은 거짓말의 덫에 스스로 발을 들이고 있었습니다. 결국 진짜 늑대가 나타났을 때 아무도 언덕을 오르지 않았고, 소년은 모든 것을 잃고 말았습니다.

거짓말로 쌓아 올린 것들은 모래 위에 지은 성과 같습니다. 즉, 언제 무너져도 이상할 것이 없습니다. 2019년에 개봉한 영화 〈기생충〉은 거짓으로 점철된 인생의 말로가 어떻게 흘러가는지 잘 보여줍니다.

가난한 기택의 가족은 학력과 경력을 위조해 가정교사, 미술치료사, 운전기사, 가정부로 부잣집에 취업합니다. 그들은 거짓말을 이용해 부유한 세계에 기생하며 살아가지만, 반복된 거짓말은 그들을 파멸의 길로 이끕니다. 주인집 가족이 캠핑을 떠난 날, 기택의 가족은 빈 저택에서 파티를 즐깁니다.

하지만 예상치 못한 또 다른 존재의 등장과 주인 가족이 갑작스럽게 집으로 돌아오면서 거짓이 탄로 날 위기에 처합니다. 결국 상황은 파국으로 치닫고 모두가 비극적인 결말을 맞습니다.

이렇듯 거짓으로 점철된 삶은 하잘것없는 것을 지키기 위해 아등바등하다가 먼지처럼 흩어지고 만다는 것을 깨달아야 합니다.

양치기 소년은 잠깐의 유희를 즐기기 위해 거짓말을 했습니다. 자기 말에 속아 숨을 헐떡이며 달려오는 마을 사람들을 보기 위해서였습니다. '악의(惡意)', 충분히 나쁜 마음입니다. 우리도 종종 유희를 즐기기 위해 악의를 품는 때가 있습니다.

SNS에 보기 좋게 꾸며진 삶은 모두 진실일까요? 거짓을 담은 사진과 꾸며낸 글로 관심을 얻기 위해 애쓰는 사람들이 있습니다. 자, 지금 당장 SNS를 열어 자신이 올린 게시물을 훑어보십시오. 하나하나가 모두 진실이라고 말할 수는 없을 겁니다.

그날의 기분과 다르게 행복한 일상을 전하고, 입맛에 맞지 않은 식당을 '인생 맛집'으로 소개하고, 부담스러운 가격의 숙소를 가벼운 마음으로 들른 것처럼 포장합니다. 그리고 실시간으로 이어지는 댓글과 반응을 보며 뿌듯해합니다.

그러다 새롭게 올린 게시물이 전과 같은 관심을 얻지 못하면, 기분이 언짢고 심지어 초조한 마음마저 듭니다. 그래서 또다시 삶을 꾸며내기 시작합니다. 이런 모습은 자기 말에 휘둘리는 사람들을 보며 즐거워하고 또다시 거짓말을 서슴지 않는 양치기 소년과 다를 바 없습니다.

마흔에는 가슴에 품은 악의를 거둬내기 위해 노력합니다. 상대에게 있는 그대로의 감정을 전할 뿐 거짓으로 반응을 끌어내기 위해 애쓰지 않는 것입니다.

그렇게 일상을 솔직함으로 채워나갑니다.

삶에 무게를 더하는 이야기

연예인 중에는 오랫동안 꾸준히 활동하는 사람이 있는가 하면, 반짝인기를 얻고 사라지는 사람이 있습니다. 전자는 대개 신인 시절부터 꾸밈없는 모습을 보여준 사람인 경우가 많습니다. 물론 바른 인성이 뒷받침되어야겠지만 말입니다.

우리가 일상에서 마주하는 사람도 이와 마찬가지입니다. 진실한 사람일수록 편안한 마음으로 대할 수 있습니다.

전국 단위의 업무 연찬회에 참석하기 위해 한 지역에 들렀습니다. 볼거리가 많은 곳으로 알려진 그 지역은 역시나 관광객들로 북적였습니다. 회의장에 도착해서 유선상으로만 알고 지내던 분들과 인사를 나눴습니다. 연찬회 일정이 끝난 뒤, 한 분이 근처 관광지를 둘러보자고 제안했습니다. 그렇게 모인 다섯 명은 한 차로 움직이기 시작했습니다.

모두가 초면이라 여간 어색한 게 아니었습니다. 더군다나 그중 한 분은 묘하게 사람을 불편하게 만들었습니다. 방문한 곳과 자기 지역을 비교하며 단점을 들추기에 바빴고 자기가 아는 것을 연신 설명했습니다.

"이곳에서 자라는 나무는 조선 시대에 아주 훌륭한 목재였습니다. 그래서 큰 배에 실어다가 바닷길을 통해 서울까지 날랐죠. 물에 젖지 않도록 조심하면서 말입니다."

그런데 그 이야기를 듣고 있던 한 여성이 우리 일행 쪽으로 다가왔습니다. 가슴에는 '문화관광 해설사'라는 명찰을 달고 있었습니다. 그녀는 조금 전 그분이 설명한 내용의 오류를 바로잡아 다시 설명해주었습니다.

"아주 잘 알고 계시네요. 그런데 한 가지 알려드릴 점이 있어요. 이 목재들은 큰 배에 싣지 않고 그 자체를 뗏목 형태로 엮어서 띄워 보냈답니다. 바닷물은 천연 방부제 역할을 할 뿐만 아니라 나무를 단단하게 만드는 효과도 있었거든요."

그분은 더 이상 아무 말이 없었습니다.

몇 달 뒤, 가족과 함께 다시 그곳에 들렀습니다. 종전의 불편한 기억

과는 달리 편안한 사람과 함께하는 즐거운 시간입니다.

그렇게 꾸미지 않고 서로를 진실하게 드러낼 때, 삶에 편안함이 깃든다는 것을 깨닫습니다.

함께 걷는 길, 관계

'의심해야 할 자'와 '믿어야 할 자'를 구분하는 안목

Reading Aesop's Fables at Forty Is No Light Matter

 정신없이 고기를 뜯어 먹던 늑대가 갑자기 목을 움켜잡았다. 급하게 고기를 삼키는 바람에 작은 뼛조각이 목에 걸리고 만 것이었다. 늑대는 뼛조각을 꺼내줄 동물을 찾아 헤맸다. 그러다 부리가 길쭉한 왜가리와 마주쳤다. 늑대가 왜가리를 붙잡고 말했다.

"왜가리야, 나 좀 도와줄 수 있니? 지금 내 목구멍에 뼛조각이 박혀 있는데, 그걸 빼주면 넉넉히 보상해줄게."

왜가리는 그 말을 믿고 늑대의 입속으로 머리를 들이밀었다. 그리고 긴 부리를 이리저리 뒤적여 작은 뼛조각을 빼냈다. 왜가리는 늑대에게 약속한 보상을 요구했다. 하지만 늑대는 콧방귀를 뀌며 말했다.

"보상이라니? 오히려 지금 네 머리가 무사한 것을 고맙게 생각하라고!"

이야기 속 왜가리는 늑대의 말을 곧이곧대로 믿었습니다. 동물들을 가차 없이 공격하는 늑대의 모습을 한 번이라도 떠올렸다면, 그 입속에 머리를 집어넣지는 않았을 텐데 말입니다. 늑대의 말처럼 '목숨을 부지한 것'에 감사해야 할지도 모를 일이었습니다. 그렇게 왜가리는 무턱대고 늑대를 믿었다가 보상은커녕 면박만 당하고 맙니다.

모든 사람을 의심하기 시작하면 제대로 된 인간관계를 유지할 수 없습니다. 반대로 아무도 의심하지 않는 사람은 남과의 관계뿐 아니라 자기 삶도 제대로 유지할 수 없습니다. 그런 사람은 작정하고 달려드는 사기꾼을 가려낼 재간이 없기 때문입니다.

모두를 믿어서도 안 되고 그렇다고 모두를 의심해서도 안 된다면 어떻게 해야 할까요? 바로 그 둘 사이를 구분할 줄 아는 안목을 길러야 합니다.

뉴턴의 제1 법칙인 '관성의 법칙'은 정지해 있는 물체는 계속 정지해 있으려 하고 움직이는 물체는 같은 속도를 유지하며 나아가려고 하는 성질을 말합니다. 이 관성의 법칙은 우리의 현재 모습을 설명하는 데도 적용할 수 있습니다.

한 사람의 현재는 과거의 반복된 선택과 행동이 관성의 힘을 얻어서 이어진 결과물입니다. 위 이야기 속 늑대는 과거에도 자기보다 약한 동물을 거리낌 없이 사냥해왔습니다. 그리고 현재에도 사나운 이빨을 드러내며 고깃덩어리를 사정없이 뜯습니다. 이렇듯 상대의 과거 모습을 잘 살핀다면, '의심해야 할 자'와 '믿어야 할 자'를 구분하는 안목을 기를 수 있습니다.

성실하게 직장생활하는 한 남자가 있었습니다. 그는 누구보다 일터에 애정을 가지고 열심히 일했습니다. 그러던 어느 날, 상사로부터 부탁을 가장한 강요를 받습니다.

"김 대리, 내가 시간이 부족해서 그러는데 이 기획안을 좀 작성해줄 수 있을까? 내일 오전 회의 때 발표할 기획안인데, 자네와 내가 공동으로 썼다고 꼭 말하겠네."

남자는 상사의 말을 믿고 기획안을 작성하기 시작했습니다. 하지만 왠지 모를 찜찜한 기분이 들었습니다. 지난날 그 상사의 행적이 떠올랐기 때문입니다. 기억 속 상사는 누구보다 성과에 연연하고, 공적 내세우기를 좋아하며, 남에게 칭찬보다 비난의 말을 쏟기에 바빴습니다. 굳이 '관성의 법칙'을 대입해보지 않더라도 내일 아침에 마주할 상황을 짐작할 수 있었습니다. 그래서 남자는 내 일처럼 하던 문서 작업을 적당한 선에서 마무리했습니다.

다음 날 아침, 역시나 관성의 법칙대로 그 상사는 당당히 '자신의 기획안'을 발표했습니다. 빼어나지도 모자라지도 않는 그저 그런 기획안이었습니다. 남자는 상대의 과거 행적을 살피는 것이 '믿어야 할 사람'과 '의심해야 할 사람'을 구별하는 방법임을 깨달았습니다.

또래 친구들과 나누는 대화 중에 종종 나오는 주제입니다. 마흔에는 사람을 잘 안다고 착각하는 때가 많습니다. '그는 나에게만은 거짓말하지 않아', '내가 그 사람과 얼마나 막연한데 약속을 어길 리가 없지', '좋은 게 좋다고 의심보다는 믿음이 먼저야' 하며 마음에 움트는 의심의 싹을 밟습니다.

이제는 상대의 과거를 객관적으로 살피기로 합니다. 만약 과거의 안 좋은 모습이 관성을 잃지 않고 현재까지 이어지고 있다면 마땅히 그를 의심해야 합니다. 그래야만 늑대의 아가리 속에 머리를 집어넣는 우를 범하지 않습니다.

삶에 무게를 더하는 이야기

삶에서 '의심해야 할 사람'보다 '믿어야 할 사람'을 많이 만나고 싶습니다. 누구나 그럴 겁니다. 의심은 사람의 몸과 정신을 피로하게 만듭니다. 상대가 혀 아래에 칼날을 숨기고 있는 것은 아닌지, 상대의 친절이 호의를 가장한 기망은 아닌지를 살피느라 긴장을 늦출 수 없습니다.

 여름이 지나고 가을이 오는 길목입니다. 저녁 나들이를 하기에 딱 좋은 날씨입니다. 한동안 저녁을 먹고 나서 가족이 함께 산책하러 나갔습니다. 집 근처 강변을 걸으며 그날 있었던 이야기를 두런두런 나눴습니다. 그리고 돌아오는 길에는 잊지 않고 놀이터에 들렀습니다.

 딸아이는 그새 친구들을 사귀어서 이리저리 뛰어다녔습니다. 그런데 함께 노는 친구들 중 유독 거친 아이가 눈에 들어왔습니다. 그 아이는 친구를 불러 세울 때 어깨를 '톡톡' 친다거나 별일 아닌 상황에서 몸짓을 과장되게 표현했습니다. 며칠 지켜보다가 딸아이에게 조심스럽게 물었습니다.

 "딸, 놀이터에서 놀 때 불편하거나 신경 쓰이는 건 없어?"
 잠시 고민하던 아이는 뭔가 생각났다는 듯 이야기했습니다.
 "신경 쓰이는 거라면 있지. 매번 너무 일찍 집에 가야 한다는 거?"
 아이는 장난스럽게 이야기했습니다. 먼저 말하지 않는 아이에게 그 친구에 관한 이야기를 슬쩍 꺼내봤습니다. 그랬더니 아이는 뜻밖의 말을 했습니다.
 "아, 그 친구는 좀 특별해. 눈빛이랑 손짓으로 말하는 아이야."
 의아해하는 저에게 딸이 이어서 말했습니다.
 "그 친구는 듣지도 못하고 말하지도 못해. 그래서 놀이할 때 꼭 마주 보고 손짓으로 알려줘야 하거든. 그런데 신기한 게 서로 말하지 않아도 노는 데에는 전혀 문제가 없어."

사람의 과거를 살펴야 믿을 만한 사람인지 알 수 있습니다. 그런데 판단의 근거가 되는 과거는 자기가 직접 보고 듣고 느낀 것이어야 한다는 점을 깨닫습니다. 먼발치에서 한두 번 본 것을 진짜로 믿어서는 안 됩니다. 그 순간 의심해야 하는 것은 바로 '자기 자신'입니다. 그렇게 상대의 과거를 '잘' 들여다보고 관계를 쌓아갑니다.

등 뒤에 매달린 자루를 들여다보라
Reading Aesop's Fables at Forty Is No Light Matter

신 프로메테우스가 사람을 만들면서 두 개의 자루를 매달았는데, 그 자루에 각각 '남의 단점' 그리고 '자신의 단점'을 나눠 담았다. 프로메테우스는 남의 단점을 담은 자루는 사람의 앞쪽에 달고, 자신의 단점을 담은 자루는 뒤쪽에 달았다. 그렇게 태어난 사람은 자기 앞에 달린 남의 단점은 쉽게 볼 수 있게 되었지만, 뒤쪽에 달린 자신의 단점은 잘 볼 수 없게 되었다.

그리스·로마 신화에 등장하는 프로테우스는 흙과 물을 섞어 인간을 만들었다고 알려진 신입니다. 프로메테우스는 제우스의 명령을 어기고 인간에게 불을 전해주어 그들이 문명을 이룰 수 있도록 도와줍니다. 그 죄로 사슬에 묶인 채 독수리에게 간을 쪼아 먹히는 형벌을 받게 됩니다.

프로메테우스는 인간을 빚으면서 두 개의 자루를 매달았는데 그 자루에는 모두 '인간의 단점'이 담겨 있었습니다. 하나의 자루에는 남의 단점을, 다른 하나에는 자신의 단점을 담았습니다. 그 두 개의 자루를 인간의 앞뒤로 나눠 달았는데, 우리가 쉽게 남의 단점을 들춰내고 이야깃거리로 삼는 것을 보면 앞쪽에 '남의 단점'이 매달려 있는 것을 쉽게 알 수 있습니다.

프랑스의 작가 앙투안 드 생텍쥐페리 또한 등 뒤의 자루를 보지 못하는 인간의 본성을 꿰뚫어 봤습니다. 그의 대표작 《어린 왕자》에는 이런 말이 나옵니다.

"자신을 심판하는 것은 다른 사람을 심판하는 것보다 훨씬 어렵다. 만약 당신이 자신을 올바르게 심판할 수 있다면, 당신은 진정으로 현명한 사람이다."

이 말은 스스로 되돌아보며 반성하는 일이 얼마나 어려운지를 잘 알려주고 있습니다.

그럼, 우리가 이고 태어난 '잘못의 자루'를 제대로 보기 위해서는 어떻게 해야 할까요?

이때 필요한 것은 자기에게는 엄격하고 남에게는 관대한 삶의 잣대입니다. 그래야만 눈만 뜨면 볼 수 있는 '남의 단점'을 들춰보지 않고, 등 뒤에 매달린 '자신의 단점'을 들여다볼 수 있습니다.

《논어》〈학이〉편에는 공자의 제자 증자가 자신을 반성하는 것의 중요성을 강조한 말이 나옵니다.

'나는 하루에 세 번 나 자신을 돌아본다. 남을 위해 일을 하는데 충성스러웠는가? 친구와 사귀는 데 진실되었는가? 스승에게 배운 것을 잘 익혔는가?'

매일 위의 세 가지를 반성할 수 있다면 인간관계는 물론 사회생활을 하는 데도 고민할 일이 없을 겁니다.

직장에서 그저 그런 책임감을 가지고 일을 한다면 분명 빈틈이 생깁니다. 중요한 숫자를 잘못 써넣거나 기한을 놓치거나 기획서의 오타를 내는 등의 실수가 잦아집니다. 또 친구와의 약속을 사소하게 여기다 보면 관계가 삐걱거리기 시작합니다. 마찬가지로 선배의 조언을 흘려듣다가는 어처구니없는 잘못을 저지르기도 합니다. 이런 것들은 '자신의 단점' 자루에 들어 있는 것으로, 의지를 가지고 들춰보지 않는 한 쉽게 볼 수 없습니다.

이처럼 매일 '일', '친구', '배움과 실천'에 관한 질문을 스스로에게 던질 수 있다면 자연스럽게 일상을 다져나갈 수 있습니다.

마흔에는 나 자신을 엄격한 잣대로 판단하고자 합니다. 앞만 보던 시선을 나에게로 돌리기 위해서는 스스로 엄격해야 함을 아는 이유에서입니다. 일하는 데 책임감이 부족하지는 않았는가? 친구에게 믿음을 주기 위해 노력했는가? 익히고 배운 것을 실천하기 위해 노력했는가?

매일 나에게 묻습니다. 그리고 수시로 고개를 돌려 등 뒤의 자루를 들여다봅니다.

삶에 무게를 더하는 이야기

상대의 말은 듣지 않고 자기 말만 쏟아내는 사람이 있습니다. 그런 사람과의 대화는 소통이 아닌 일방적인 연설이 되는 경우가 많습니다. 분명 함께하고 싶은 사람의 유형은 아닙니다. 나이가 많은 사람은 아랫사람에게 도움이 되는 말을 해주고 싶어 합니다. 자칫 그런 선의의 마음이 도를 넘어서면 듣기 싫은 설교가 되는 것입니다.

직장에서 어느덧 연차가 쌓이고 꽤 많은 후배가 생겼습니다. 업무 협의차 알게 된 한 신규 직원이 있었습니다. 젊은 남자 직원이었는데 인사성이 밝고 일도 꼼꼼하게 잘해서 마음이 가는 직원이었습니다. 그러던 어느 날, 동네에서 그 직원을 마주쳤습니다. 반가운 마음에 다가가 인사하고 몇 마디 나누다 보니, 같은 동네에 사는 이웃이었습니다. 그 뒤로도 직장과 동네에서 만날 때마다 인사를 나눴습니다.

그렇게 친분이 쌓이자, 그 직원을 집으로 초대해서 저녁을 함께 먹었습니다. 술도 조금 곁들였는데, 어느 정도 취기가 오르자 나도 모르게 이런저런 조언을 건넸습니다. 생각보다 길어진 식사를 마치고 그 직원은 집으로 돌아갔습니다. 아내와 뒷정리하고 있는데 아이가 다가와서 물었습니다.

"아빠, 아까 그분은 아빠보다 나이가 한참 어려?"

"응? 갑자기 나이는 왜?"

"아니, 아빠가 자꾸 옛날이야기처럼 '나 때는 말이야'라는 말을 써서."

순간, 내가 해준 조언들이 일방적인 연설이었다는 것을 깨달았습니다.

이제 등 뒤에 매달린 자루를 자주 들여다봅니다. 그리고 그 속에 들어찬 '나의 단점'을 꺼내 들고 증자의 말을 떠올립니다. 그렇게 하루 세 번 반성하며 일상을 다져갑니다.

정확하게 알아야 경계선을 벗어날 수 있다
Reading Aesop's Fables at Forty Is No Light Matter

 한 남자가 양털을 깎는데, 그 실력이 형편없었다. 결국 양의 몸에는 이리저리 생채기가 나고 양털은 어지럽게 뒤엉켰다. 참다못한 양이 남자에게 말했다.

"저에게서 양털을 원하신다면 조금 더 위쪽을 잘라주시고, 고기를 원하신다면 차라리 단번에 숨통을 끊어주세요. 이렇게 고통스럽게 하시지만 말고요."

남자의 서툰 솜씨에 양은 괴로웠습니다. 자신의 털은 이리저리 흩날려 아무짝에도 쓸모가 없어지고 몸에는 날붙이에 베인 상처가 가득했습니다. 속이 상한 양은 남자에게 울분을 쏟으며 말했습니다. 확실한 결단을 내려달라고 말입니다.

관계에서도 모호한 태도를 보이는 사람이 있습니다.

먼저 신중함이 정도를 지나쳐 자기 입장을 명확하게 밝히지 못하는 사람입니다. 그래도 이런 사람은 현재 상황을 인지하고 여러 가능성을 염두에 두고 있기에, 관계를 발전시켜 나갈 여지는 있습니다. '장고 끝에 악수를 둔다'라는 말이 있듯 충분히 고민했다면 지체 없이 표현해야 합니다.

아리스토텔레스는 《니코마코스 윤리학》에서 말합니다.

'신중한 사람의 영혼은 두려움에 의해 움직여지지 않는다.'

이는 신중함이 지나치면 두려움으로 번질 수 있다는 의미입니다. 그러니 스스로 영혼에 새긴 두려움을 털어내고 상대에게 생각을 전해야 합니다.

또 다른 유형으로는 '잘 몰라서' 입장을 제대로 취하지 못하는 사람입니다. 하나의 주제를 놓고 여럿이 모여 논쟁을 벌이고 있다고 가정해봅시다. 명확한 논리로 자기 생각을 풀어내는 사람이 있는가 하면 남의 말을 듣고만 있는 사람이 있습니다. 후자는 어쩌다 주어진 발언 기회에 겉핥기식의 의견을 얘기할 뿐 뚜렷한 생각을 말하지 못합니다. 그가 모호한 태도를 보이는 이유는 주제에 대해서 잘 모르기 때문입니다.

　일상적인 관계에서도 상황에 대한 이해도가 낮으면 제대로 표현할 수 없습니다. 설령 어떤 말을 꺼냈다가도 상대의 짧은 반문에 곧바로 대답을 수정합니다. 결국 이도 저도 아닌 경계선에 놓여 갈팡질팡하는 것입니다.

　이야기 속 남자는 양털을 깎는 데 실력이 없었습니다. 경험이 부족한 것을 넘어서 어떤 방식으로 털을 깎아야 하는지조차 몰랐습니다. 그의 무지(無知)가 양에게 상처를 입히고 털을 뒤엉키게 만든 것입니다. 관계에서도 서로가 처한 상황을 제대로 알고 있어야 말할 거리가 생깁니다. 그러니 모호한 태도로 상대를 상처 입히고 있다면 상황을 이해하기 위해 애쓰는 것이 먼저입니다.

　마흔에는 양털 가위를 집어 들기 전에 사용법이 적힌 설명서를 꼼꼼히 읽습니다. 그리고 내가 원하는 것이 양의 털인지, 아니면 고기인지 잘 분간해봅니다. 만약 옷을 해 입기 위해 털이 필요하다면, 양에게 상처를 입히지 않도록 조심스럽게 가위질을 해나갑니다. 양의 피부에 상처가 나지 않아야 내년 봄에 또다시 보송보송한 양털을 얻을 수 있을 테니 말입니다. 털이 아닌 양고기가 필요하다면 가장 고통이 적은 방법을 찾기 위해 고심합니다. 그것이 양을 위로하는 유일한 방법임을 알기 때문입니다.

　정확하게 안다면 악수를 두기 위해 장고하지 않습니다.

　정확하게 안다면 경계선에 서서 갈팡질팡할 일도 없습니다.

결국, 상대를 상처 입히는 모호한 태도는 정확하게 알지 못하는 데서 비롯됩니다.

삶에 무게를 더하는 이야기

직장에는 부서마다 고유의 업무가 있습니다. 관공서라면 법령이라는 큰 틀에서 각각 부서가 하는 일을 나눕니다. 그리고 가지를 뻗듯 세부적인 일을 구분해서 팀에게, 개인에게 나눕니다. 업무의 경계가 모호한 경우에는 가지를 거슬러 올라가 큰 줄기를 찾으면 됩니다.

한번은 '신설된 업무를 어느 팀에서 담당해야 하는지'를 놓고 회의한 적이 있었습니다. 누구라도 새로운 업무를 맡고 싶어 하지 않습니다. 지금 하는 일만으로도 충분히 힘들고 버겁기 때문입니다.

업무 연관성을 고려해서 두 개 팀이 후보로 떠올랐습니다. 어느 팀에서도 선뜻 업무를 맡겠다고 하지 않았고, 결국 회의는 '왜 우리 팀이 그 일을 맡을 수 없는가?'라는 논쟁의 장이 되었습니다.

양 팀에 속하지 않은 저는 회의를 제삼자의 관점에서 지켜봤습니다. 회의장은 점점 시끄러워졌습니다. 하지만 목소리를 높이는 사람 중 누구도 새로운 업무가 정확히 어떤 일인지 알지 못하는 듯했습니다.

그런데 잠시 뒤, 조용히 있던 한 직원이 입을 열었습니다. 그는 그 업무가 어떤 법에 따라 신설되었고, 관련 부처는 어디이며, 타 지자체에서는 어떻게 정리가 됐는지를 논리정연하게 설명했습니다. 경계선에 놓여 있던 '논쟁의 추'가 한쪽으로 기우는 순간이었습니다. 결국 새로운 업무는 양 팀에서 해당하는 일을 나눠서 가져가는 것으로 결론이 났습니다.

   정확하게 아는 것은 명확한 태도를 유지하는 현명한 방법입니다. 어떤 일을 놓고 서로 알맹이 없이 목소리만 커진다면, 먼저 '앎'에 깊이를 더하기 위해 노력해야 합니다.

절반보다 조금 더 나누는 것이 현명하다
Reading Aesop's Fables at Forty Is No Light Matter

두 친구가 산길을 가고 있었는데 곰 한 마리와 마주쳤다. 한 명은 재빠르게 나무 위로 올라가 몸을 숨겼지만, 다른 한 명은 주저하다가 곰에게 잡힐 위기에 처했다. 그래서 그는 '곰은 시체를 건드리지 않는다'라는 속설이 떠올라서 바닥에 엎드려 죽은 척했다.

이윽고 곰이 다가와 바닥에 엎드린 친구의 냄새를 맡기 시작했다. 그는 숨까지 참아가며 시체인 척 연기했다. 다행히 곰은 그대로 자리를 떠났고 나무 위에 숨어 있던 친구가 내려와서 물었다.

"이보게, 곰이 자네 귀에 대고 뭐라 말하던가?"

옷에 묻은 흙을 털어내며 다른 친구가 무심하게 답했다.
"위험할 때 먼저 도망가는 사람과는 친구가 되지 말라더군."

⚜

'전쟁은 지옥이지만 전우애는 그곳에서 피어나는 아름다운 꽃이다.' 이 말은 그만큼 전장에서 생과 사를 넘나들며 함께한 동료 사이는 각별하다는 의미입니다. 군대를 다녀온 사람이라면 훈련소에서 함께 땀 흘린 동기 사이를 생각해볼 수 있습니다.

이야기 속 두 친구는 위기 상황에서 서로 자기 목숨을 보전하기 위해 애썼습니다. 그렇게 위기를 벗어나자, 바닥에 엎드려 있던 친구가 나무 위로 피신했던 친구에게 뼈 있는 한마디를 던집니다. 그런데 과연 자기 목숨을 내던지면서까지 남을 구하기 위해 나설 사람이 얼마나 있을까요? 더군다나 곰이 나무를 오르기로 마음먹었다면 그 친구는 목숨을 부지할 수 없었을 겁니다.

종종 불길 속에 뛰어들어 사람을 구한 의인에 관한 기사를 접합니다. 사람들은 그를 '영웅'으로 칭하며 세상의 빛과 같은 존재로 여깁니다. 그만큼 자기를 돌보지 않고 남을 구하는 것은 아무나 할 수 없는 일입니다.

그럼 지극히 평범한 우리가 남을 돕기 위해 어느 정도의 희생까지 감내해야 할까요?

친구와 산속에서 길을 헤매다가 밤이 되었다고 가정해봅시다. 내일 아침까지 버텨야 다시 움직일 수 있는 상황입니다. 먹을 것이라고는 자기 가방에 들어 있는 빵 하나가 전부입니다. 이때, 친구에게 빵을 얼마나 나눠줘야 할까요? 다양한 경우의 수를 생각해볼 수 있습니다.

먼저 친구가 잘 때까지 기다렸다가 혼자 빵을 먹는 경우입니다. 굶주린 채 잠이 든 친구는 다음 날 아침 겨우 눈을 뜹니다. 둘은 산을 벗어나기 위해 걷기 시작하지만 기력 없는 친구 때문에 속도가 나지 않습니다. 결국 시간이 지체되어, 또 한 번의 밤을 지나야 하는 상황에 놓입니다.

다음은 친구에게 훨씬 많은 양의 빵을 나눠주는 경우입니다. 다음 날 아침 길을 나서는데, 다리에 힘이 없습니다. 순간 자기가 먹은 빵의 양이 턱없이 부족했다는 생각이 들자, 친구를 원망하는 마음이 생깁니다. 그래서 자기 짐을 친구에게 들어달라고 요구하고 거친 숲길을 헤치라며 등을 떠밉니다. 결국 힘을 합쳐도 모자란 상황에서 서로 비난하며 다투기 시작합니다.

마지막으로 친구에게 절반보다 약간 많은 양의 빵을 나눠주는 경우입니다. 친구는 자기에게 더 많은 빵을 양보했다는 사실에 고마움을 느낍니다. 자신 또한 친구에게 호의를 베풀었다는 자기 만족감을 느낍니다. 그렇게 둘은 서로 밀고 끌어주며 산길을 벗어나기 위해 힘을 모읍니다.

이야기 속 나무 위로 올라간 자가 친구를 구하기 위해 직접 곰을 상대하는 것은 자기 빵을 모조리 남에게 주는 것과 같습니다. 결코 현명한 방법은 아닙니다. 이때, 그가 할 수 있는 가장 좋은 방법은 자기 안위를 살피며 곰의 주의를 분산시키는 것입니다. 예를 들어 친구에게서 떨어진 곳에 나뭇가지를 던져 곰의 시선을 끄는 방법입니다. 만약 곰이 그 소리에 놀라 자리를 떠난다면, 둘은 역경을 함께 이겨낸 전우가 되는 것입니다.

마흔에는 의로운 마음을 품다가도 여유가 없다는 핑계로 외면하는 일이 많습니다. 전부를 내어주는 것은 어리석은 일이지만, 절반보다 조금 더 내어주는 것은 현명한 방법입니다. 그렇게 전쟁 같은 인생에서 전우애라는 꽃을 피워갑니다.

삶에 무게를 더하는 이야기

돈거래는 가족 간에도 하지 말라는 우스갯소리가 있습니다. 그만큼 이해관계가 얽히면 감정 상할 일이 많다는 의미입니다.

한번은 오랫동안 알고 지낸 친구에게 뜬금없이 연락이 왔습니다. 친구는 자기가 사정이 좋지 않아서 그러는데 천만 원만 빌려줄 수 있느냐고 물었습니다. 예상치 못한 질문과 생각보다 큰 액수에 놀랐습니다.

먼저 수중에 여윳돈이 얼마나 있는지 생각해봤습니다. 적게는 삼백만 원에서, 많게는 칠백만 원 정도의 여유자금이 있었습니다. 그리고 고민했습니다. 만약 빌려준 돈을 돌려받지 못했을 때 마음에 담아두지 않을 정도의 금액이 얼마인지를 말입니다. 딱 절반보다 조금 더 갚은 사백만 원이 적당했습니다.

친구에게 돈을 빌려주고 그 사실을 한동안 잊고 지냈습니다. 몇 달 뒤, 친구에게 연락이 와서 함께 저녁을 먹었습니다. 친구는 저에게 재차 고마움을 전하며 돈을 갚았습니다. 늦은 밤, 한껏 취한 우리는 어깨동무하며 평생 친구로 남자고 다짐했습니다. 그 순간만큼은 전장을 함께 누빈 전우의 모습이었습니다.

그렇습니다. 삶에서 무언가를 나눠야 한다면 절반보다 조금 더 많은 정도가 딱 좋습니다.

'돕는 기쁨'은
함께하는 사람만이 느낄 수 있다

Reading Aesop's Fables at Forty Is No Light Matter

 한 농부에게 아들 여럿이 있었다. 그런데 그 아들들은 서로 화합하지 못하고 틈만 나면 다투기 일쑤였다. 그런 아들들을 바라보는 농부의 마음은 타들어 갔다. 그래서 농부는 아들들에게 깨달음을 주기 위해 한 가지 묘안을 냈다. 농부는 아들들을 모아놓고 나무 막대기 한 묶음을 내어놓으며 말했다.

"자, 이 한 다발의 막대기를 부러뜨려보거라."

아들들은 서로 돌아가며 막대기 묶음을 부러뜨리기 위해 애썼지만 쉽지 않았다. 그러자 농부는 이번에는 이렇게 말했다.

"이제 묶음을 풀고 각자 막대기 하나씩을 들고 부러뜨려보거라."

아들들은 막대기를 하나씩 나눠 갖고 부러뜨리기 위해 힘을 줬다. 조금 전에 끙끙대던 모습이 무색하게도 막대기는 '탁' 소리를 내며 부러졌다. 농부는 아들들을 돌아보며 말했다.

"아들들아, 너희들이 힘을 합치면 누구와 싸워도 이길 것이고, 서로 다투기만 한다면 아무도 이길 수 없을 것이다."

⚜

위 이야기 속 농부의 아들들은 틈만 나면 싸우기에 바빴습니다. 서로를 잡아먹을 듯 싸우는 아들들을 보며 아버지는 속이 타들어 갔습니다. 그렇다고 다툼을 중재하기 위해 누구 한 명의 편을 들 수도 없는 노릇이었습니다. 그저 아들들이 스스로 깨달아 서로를 위하게 만드는 방법이 유일한 대책이었습니다.

얇은 나무 막대기도 하나씩 덧대어 나가다 보면 감히 부러뜨릴 수 없는 두께가 됩니다. 아들들은 두 번의 시도가 전혀 다른 결과를 맞이한 것을 계기로 '서로 돕는 것의 의미'를 깨닫습니다.

'백지장도 맞들면 낫다'라고 말합니다. 무게감 없는 종이 낱장도 함께 들면 기분이 좋습니다. 누군가를 돕고 누군가로부터 도움을 받는 일은 인생을 좀 더 활기차게 만듭니다. 하지만 무엇이든 손쉽게 구할 수 있는 요즘은 누군가와 함께하는 일이 많지 않습니다.

월요일에 출근해서 사람들에게 주말 동안 한 일에 관해 물으면 직에서 드라마나 영화를 봤다고 말하는 이가 많습니다. 아마도 유료 동영상 플랫폼을 구독하고 있는 모양입니다. 카테고리별로 수만 편에 달하는 콘텐츠가 대기하고 있으니, 그 모든 것을 소비하려다가는 집에만 있어야 할지도 모르겠습니다.

마흔에는 매일 복잡한 출근길을 헤집고 일터로 향합니다. 그리고 틈틈이 지인들의 대소사에 참여하기 위해 먼 길을 떠납니다. 때론 집에 머무는 시간이 가장 적은 것 같다는 생각마저 듭니다. 그래서 어쩌다 주어지는 나만의 시간에는 온전하게 집에 머물고 싶습니다.

하지만 인생에서 '서로 돕는 기쁨'을 느끼려면 집을 나서야 합니다. 누군가는 '지금껏 밖으로 돌았는데 또다시 나가라고?'라고 반문할지 모릅니다. 그런데 일터를 향하고 지인의 대소사를 치르는 것은 '진짜 나'로부터 시작된 일이 아닙니다. 그러니 이제부터 해야 할 일은 자기 마음의 소리를 따라 밖을 나서는 것입니다.

점점 늘어나는 역할 속에 자기 본모습을 잊고 살아갑니다. 가족이 좋아하는 것이 내가 좋아하는 것이 되고, 남들이 좋은 직장이라고 말하기에 막히는 출근길에도 불평불만을 하지 않습니다.

이제, 혼자만의 시간에는 '진짜' 하고 싶은 일을 찾아 나섭니다. 수만 편의 콘텐츠를 소비하는 것이 아닌 좋아하는 것을 찾아 나설 때, 소중한 인연과 함께할 수 있습니다. 그런 과정에서 도움을 받고 도움을 준다면 비로소 진정한 기쁨을 느낄 수 있습니다.

백지장은 무게감이 없습니다. 하지만 서로가 원해서 맞잡은 백지장에는 묵직한 기쁨이 담겨 있습니다.

삶에 무게를 더하는 이야기

무언가를 혼자 힘으로 해냈다는 성취감은 삶을 살아가는 원동력이 됩니다. 하지만 때론 도움이 필요한 순간이 있기 마련입니다. 그럴 땐 시의적절하게 도움을 구할 줄 아는 지혜가 필요합니다.

기분 좋은 바람이 부는 따스한 봄날, 가까운 곳으로 가족과 함께 캠핑을 떠났습니다. 캠프장에 도착해 새로 산 텐트를 치기 시작했습니다. 약간의 시행착오는 있었지만 '원터치 텐트'라는 수식어에 걸맞게 작업은 전반적으로 수월했습니다. 잠시 뒤 텐트의 본체가 완성되고 출입구에 연결된 차광막을 설치하기 위해 지지대를 꺼내 들었습니다. 생각으로는 차광막 또한 손쉽게 칠 수 있을 것 같았습니다. 그래서 도와주겠다는 아내를 만류하며 호기롭게 작업을 재개했습니다.

지지대 두 개로 차광막을 받치는 형식이었는데, 양쪽 끝에 끈을 연결해서 바닥에 고정해야 했습니다. 그런데 지지대가 계속 쓰러지는 바람에 누군가 도와줄 사람이 필요했습니다. 더 이상 진도가 나가지 않자 한 발짝 뒤에서 지켜보던 아내가 다가와 지지대를 잡아주었습니다. 그리고 한마디 합니다.

"도움이 필요할 땐 꼭 말하라고요. 남는 두 손 있잖아요."

그때 딸아이가 고사리 같은 손을 뻗으며 말합니다.

"두 손 아니고 네 손이요!"

맞습니다. 삶에서 누군가를 돕는 일 못지않게 도움받는 일도 중요합니다. 그렇게 마흔에는 '작은 도움'이 모여 '함께하는 즐거움'이 된다는 것을 깨닫습니다.

상대의 슬픔을 쉽게 판단하지 마라

Reading Aesop's Fables at Forty Is No Light Matter

 새끼 돼지 한 마리가 양들 사이에 숨어서 풀을 뜯고 있었다. 며칠을 그렇게 생활하던 새끼 돼지는 양치기의 눈에 띄어 붙잡히게 되었다. 새끼 돼지는 비명을 지르며 발버둥 쳤다. 양들은 소란스러운 새끼 돼지를 보며 말했다.

"양치기는 때론 우리를 붙잡지만 저렇게까지 야단법석을 떨지 않아."

그러자 새끼 돼지가 말했다.

"양치기가 너희를 붙잡는 것과 나를 붙잡는 것은 그 의미가 완전히 달라. 양치기는 너희에게 털과 젖을 얻지만, 나에게는 맛있는 고기를 얻는단 말이야."

❦

 양들에게 양치기는 적이 아닙니다. 오히려 어지럽게 자라난 털 뭉치를 말끔하게 정리해주는 다소 거친 미용사쯤 될 겁니다. 그러니 양치기에게 붙잡히는 것은 잠시 무리 지어 다니는 일을 멈추고 쉴 수 있는 시간입니다. 그저 놀란 마음을 추스른다면 소리 지를 일이 아닙니다.
 하지만 새끼 돼지의 입장은 다릅니다. 양치기가 채식주의자가 아닌 이상 그의 눈에 새끼 돼지는 그저 '식량'일 뿐입니다. 그러니 새끼 돼지는 비명을 지르며 양치기의 손아귀를 벗어나기 위해 발버둥 칠 수밖에 없는 것입니다.
 우리는 상대의 입장이 되어보지 않은 이상, 섣부르게 남의 감정을 판단하지 않아야 합니다. 양들의 휴식 시간이 새끼 돼지에게는 참극인 것처럼 같은 상황도 사람에 따라 전혀 다른 의미로 받아들여지기 때문입니다. 그러니 상대의 생각이 나와 같을 것이라고 여기는 마음은 오만한 착각입니다.
 다산 정약용은 유배지에서 아들에게 보내는 편지에 이런 글을 실어 보냈습니다.
 '내가 숲속을 산책하다가 우연히 자지러지듯이 우는 아이를 보았다. 아이에게 다가가 그 이유를 물으니 나무 아래에서 밤 한 톨을 주왔는데 어떤 사람이 빼앗아 갔다고 말하더구나. 세상에 이런 일을 당하고도 그 아이처럼 울지 않을 사람이 얼마나 되겠느냐. 벼슬과 권세를 잃은 사람들, 재물의 손해를 본 사람들, 자식을 잃고 죽음과도 같은 슬픔을 겪은 사람들 모두 초탈한 사람의 눈에는 밤 한 톨을 잃은 아이와 같을 것이다.'

어른의 관점에서 밤 한 톨은 있어도 그만 없어도 그만인 간식거리에 불과합니다. 하지만 아이에게 달콤한 밤 한 톨은 세상에 둘도 없는 보물이었습니다. 만약 아이에게 위와 같은 사정을 듣지 않았다면, 부모를 잃었거나 집에 불이 나지는 않았을까 하고 짐작했을 것입니다. 이렇듯 상대의 감정을 자기 마음대로 해석하는 것은 속사정을 모르고 함부로 예단하는 일입니다.

정약용은 편지 말미에 이렇게 말합니다.

'초탈한 사람의 눈에는 어른의 시련이나 아이의 시련이나 모두 매한가지이다.'

마흔에는 상대의 울음소리에 담긴 뜻을 섣부르게 해석하지 않습니다. 그의 고통을 나의 시선으로 바라보며 '그 정도 일로 좌절하다니, 마음이 무른 거 아니야?'라고 생각하지 않습니다. 나에게 '별일 아닌 일'이 그에겐 '별일'일 수 있기에 그가 흘리는 눈물의 크기를 쉽게 판단하지 않는 것입니다.

저마다 대성통곡할 만한 잃어버린 밤 한 톨이 있습니다. 그러니 상대가 잃어버렸다고 하소연하는 밤 한 톨이 아무리 작아 보이더라도 세상에 다시 맛볼 수 없는 귀중한 밤이라는 것을 인정해야 합니다. 그런 마음이라면 이해하지 못할 감정이란 있을 수 없습니다.

삶에 무게를 더하는 이야기

하루는 적당한 크기의 종이가방을 찾을 수가 없어서 집 안 곳곳을 뒤졌습니다. 그러다가 꽤 오랫동안 들여다보지 않은 수납장이 눈에 들어왔습니다. 혹시나 하는 마음에 의자를 놓고 올라서서 문을 열었는데, 종이 뭉치가 쏟아져나왔습니다. 터져 나오는 한숨을 억누르고 바닥에 널브러진 종이를 정리하기 시작했습니다.

'이게 도대체 무슨 종이지?'라는 생각에 한 장을 집어 들었습니다. 그 종이는 아이가 어린이집을 다닐 때 선생님이 매주 보내준 '주간 계획표'였습니다. 표지에는 같은 반 아이들의 단체 사진이 있었고, 매일 어떤 점심과 간식을 먹었는지, 무슨 활동을 했는지 적혀 있었습니다. 그 모습을 보던 아내가 말했습니다.

"내 보물! 날짜별로 잘 정리해줘."

이어서 아내는 종이를 모아둔 이유에 대해 말해주었습니다. 한낱 종이 같지만, 단체 사진 속 딸아이를 찾는 재미와 매주 커가는 아이의 모습이 담겨 있어서 버릴 수가 없었다고. 그렇습니다. 아내에게 그 종이는 보물과도 같은 소중한 밤 한 톨이었습니다.

 마흔에 주변을 둘러보면 새로운 것이 넘치지만, 고이 간직하고 싶은 것들은 점점 줄어듭니다. 이제는 내 삶을 스쳐 지나는 것에 관심을 쏟기보다 진짜 소중한 밤 한 톨을 찾기 위해 노력합니다. 그렇게 나만의 수납장에 쌓이는 종이 뭉치가 인생을 기쁨으로 채워줄 겁니다.

원망의 싹을 없애야
인생의 풍랑을 이겨낼 수 있다

Reading Aesop's Fables at Forty Is No Light Matter

서로를 못 잡아먹어서 안달인 두 사람이 한배를 탔다. 원수지간인 두 사람은 멀찌감치 떨어져 한 명은 배 뒷머리에, 다른 한 명은 배 앞머리에 앉았다. 그런데 배가 출발한 지 얼마 되지 않아 폭풍이 몰아쳐서 배가 침몰할 위기에 처했다. 그때 배 뒷머리에 앉은 사람이 다급한 목소리로 선장에게 물었다.

"이보시오. 배의 어느 부분이 가장 먼저 물에 잠깁니까?"

그러자 선장이 대답했다.

"배 앞머리가 가장 먼저 물에 잠깁니다."

대답을 들은 사람은 안도의 한숨을 내쉬며 말했다.

"저 원수가 나보다 먼저 죽는 것을 보기만 한다면야, 내가 죽는 것은 아무 상관이 없다."

⚜

누군가를 원망하는 마음이 쌓이고 쌓이면 원한에 이릅니다. 원한은 '맺힌다'라고 표현할 만큼 가슴에 응어리져서 일상의 모든 순간을 지배합니다. 그렇게 원흉을 찾아 복수를 다짐하고, 언제든 그와 함께 불길 속으로 뛰어들 각오를 합니다.

하지만 법이 있는 한 '이에는 이, 눈에는 눈' 식의 복수는 결국 또 다른 범죄를 낳습니다. 죄에 이르지 않더라도 개인의 복수는 일반의 사람에게 지지받지 못하기도 합니다. 자기 처지에서의 정의가 남들 눈에는 사욕을 좇는 일로 보일 수 있기 때문입니다. 그래서 누군가를 원망하는 마음이 원한으로 맺히기 전에 복수심을 누그러뜨릴 여지가 있는지 살펴야 합니다.

위 이야기 속 두 사람에게 어떤 사연이 있었던 걸까요? 곧 죽을지도 모른다는 공포심보다 상대의 죽음을 눈으로 확인할 수 있다는 통쾌함이 더 큰 것을 보면, 아마도 대단히 억울하고 원망스러운 일일 것입니다.

그런데 만약 두 사람이 마음을 추슬러서 '다시는 서로 마주치지 않으면 그만이다'라는 정도로 상황을 이해하고 넘어갔다면 어땠을까요? 배에 올라타서 서로를 확인하고는 "오늘은 재수가 없군!" 하는 게 전부였을 겁니다. 그리고 배가 침몰하는 상황에서 상대의 죽음을 기원하는 어리석은 짓은 하지 않았을 것입니다. 어쩌면 둘이 힘을 합쳐 극적으로 위기를 극복할 수도 있었을 테죠.

《손자병법》〈구지〉 편에는 사자성어 '오월동주(吳越同舟)'의 기원이 되는 이야기가 실려 있습니다. 중국 춘추전국 시대에 적대관계였던 오나라와 월나라 사람이 한배를 타고 가다가 풍랑을 만났는데, 서로 적개심을 잊고 왼손과 오른손이 되어 필사적으로 도왔다는 내용입니다.

오랜 기간 전쟁을 벌여온 오나라와 월나라는 원수지간이었습니다. 그런데도 죽을 위기에 처했을 때는 서로의 손과 발이 되어 위기를 극복하는 것이 상책(上策)이라는 것입니다.

마흔에는 가슴에 크고 작은 원한의 싹이 움틉니다. 그 싹에 양분을 주고 물을 뿌리는 것은 남이 아닌 '자기 자신'입니다. 원한의 싹은 돌볼 필요가 없습니다. 그것들은 본마음을 갉아먹는 잡초와 같아서 오히려 매일 김을 매야 합니다. 마음 밭에 원한이라는 잡초가 무성하면 인생에 풍랑이 몰아칠 때 목숨을 지킬 수 없습니다.

이제는 일상에서 원한의 싹을 없애기 위해 노력합니다. 매일 아침 출근길에 만나는 난폭 운전자에게는 나름의 긴박한 이유를 만들어줍니다. 또 식당에서 마주한 무례한 점원에게는 그럴 만한 슬픈 사연을 지어줍니다. 아무렇지 않게 새치기하는 사람에게는 주변을 살피지 못한 '무지(無知)'라는 답을 달아줍니다.

이렇게 일상에서 원한의 싹을 하나둘 뽑아내기 시작하자, 마음은 드넓은 초원처럼 평온해집니다. 결국 삶에 몰아치는 풍랑은 원한으로 굴곡진 마음이 불러온 시련임을 깨닫습니다.

삶에 무게를 더하는 이야기

최근 몇 년 사이 '직장 내 괴롭힘'이 사회적 문제로 부각되었습니다. 이와 관련된 각종 법안이 마련되고, 일부 회사에서도 내규를 만들어 괴롭힘의 가해자에게 불이익을 주고 있습니다. 직장 내 괴롭힘은 직위를 불문하고 일어나지만, 대부분 상사가 부하 직원에게 부당한 지시를 내리거나 멸시하는 경우가 많습니다.

20대 후반 첫 직장생활을 시작했습니다. 늘 그렇듯 새로운 환경에 적응하는 것은 설렘과 불안이 공존합니다. 때론 과도하게 긴장한 탓에 제 능력을 발휘하지 못하기도 합니다. 모든 것이 낯선 환경에서 저 또한 실수가 잦았습니다. 하지만 다시 생각해봐도 그때 만난 팀장의 언행은 요즘 말로 '직장 내 괴롭힘'으로 봐도 부족함이 없었습니다.

아무것도 모르는 신규 직원을 팀원으로 받은 것은 상사의 입장에서 충분히 짜증 날 만한 일입니다. 하지만 시도 때도 없이 질타하고, 같은 내용의 보고 사항을 두고도 옆 직원과 평가의 차이를 두는 것은 부당한 것이 맞습니다. 또 한번은 머리를 톡톡 치며 "도움도 안 되는 게 말이야" 하는 말을 서슴지 않는 팀장을 보며 가슴에 '원망'의 싹이 움트기도 했습니다.

다행히 1년 뒤 인사이동이 있어서 팀장은 다른 곳으로 자리를 옮겼습니다. 그렇게 10년이라는 시간이 흘렀고 최근 그 팀장의 소식을 접했습니다. 진급을 위한 평가에서 부서 내 직원의 '갑질 신고'에 발목을 잡혀 한직으로 물러났다는 소식을 말입니다.

인생에서 때론 가슴에 원망의 싹을 심을 수밖에 없는 악덕한 사람을 만나기도 합니다. 스스로 그 싹을 뽑아내려 해도 원망은 하루가 다르게 자라납니다. 긴 인생을 두고 봤을 때 그런 사람을 대하는 유일한 방법은 자기 실력을 키우는 것입니다. 약자에게 강한 사람은 상대가 실력을 쌓고 단단해지는 순간 태도를 180도 바꿉니다.

얼마 전 그 팀장을 복도에서 마주쳤습니다. 이제는 같은 직급입니다. 아는 것이 많아진 내게 그 사람은 더 이상 원망의 대상이 아닙니다. 그렇게 인생의 풍랑을 하나둘 헤쳐 나갑니다.

호의는 상대가 받아들여야 의미가 있다
Reading Aesop's Fables at Forty Is No Light Matter

 한 남자가 자신이 믿는 신의 조각상을 집에 모셔두고 제사를 지냈다. 그는 제사를 지낼 때마다 신에게 제물을 바쳤는데, 그 규모가 자기 처지에 맞지 않을 정도로 많았다. 그래도 남자는 열심히 기도하며 제사를 지냈다. 그러던 어느 날, 신이 그의 앞에 나타나 이렇게 말했다.

"이제 나에게 제물을 바치는 일은 그만두거라. 만약 네가 재산을 모두 잃게 되면, 그때 가서는 나를 원망할 것이 아니냐."

위 이야기 속 남자는 자기가 바라는 것을 이루기 위해 신에게 열심히 제물을 바칩니다. 어쩌다 좋은 일이 생기면, 그것은 자기 기도에 응답한 신의 메시지라고 여기면서 말입니다. 그런데 그가 모든 재산을 탕진하고 끼니조차 해결하기 어려운 상황에 놓인다면 어떻게 될까요? 아마도 생각 없이 제물을 바친 자기 잘못은 인정하지 않은 채 신에게 원망의 말을 쏟아낼 겁니다.

일상에서 좋은 마음으로 남에게 호의를 베푸는 경우가 있습니다. 그런데 그때마다 자기가 내어준 것의 가치를 계산하고 그에 준하는 무언가를 바라는 것은 진정한 호의가 아닙니다. 기대한 만큼 되돌아오지 않을 때 상대에게 베푼 호의는 곧 '손해'로 느껴지는 것입니다. 호의가 진정한 의미를 갖기 위해선 바라는 마음이 일어나지 않을 정도, 즉 자신이 감당할 수 있는 범위 안에서 베풀어야 합니다.

지인에게 도움을 주기 위해 보험 한두 개 정도는 가입할 수 있지만, 월급의 절반을 보험료로 낼 수는 없습니다. 또 좋은 마음으로 동료의 일을 도와줄 수는 있지만 함께 야근할 수는 없습니다. 그러니 호의가 '손해를 봤다'라는 마음으로 변질되지 않도록 적당한 선을 지켜야 합니다.

이에 더해서 호의가 상대에게 받아들여지기 위해서는 서로의 마음이 맞아떨어져야 합니다. 자기에게 의미 있는 것이 상대에게 불필요한 것이거나 오히려 방해되는 것일 수 있으니 말입니다.

중국 도가 철학자 중 한 사람인 장자의 지혜를 모아놓은 책 《장자》

〈응제왕〉 편에는 이런 이야기가 실려 있습니다.

'남쪽의 왕 숙과 북쪽의 왕 홀이 중앙의 왕 혼돈이 다스리는 지역을 찾았다. 혼돈은 얼굴에 구멍이 하나도 없는 모습을 하고 있었는데, 자기 지역을 찾은 숙과 홀을 성대하게 환영했다. 이에 숙과 홀은 혼돈에게 호의를 베풀기로 하고, 그의 얼굴에 사람과 같은 구멍 일곱 개를 뚫어주기로 했다. 그렇게 혼돈의 얼굴에 하루에 하나씩 구멍을 뚫어주자 칠 일째 되는 날 혼돈은 죽고 말았다.'

숙과 홀의 호의가 혼돈에게는 생명을 앗아가는 폭력이었습니다. 이렇듯 적당한 선을 지키기 이전에 어느 한쪽의 일방적인 호의가 되지 않도록 상대의 처지를 잘 헤아려야 합니다. 결국 좋은 마음은 상대방이 받아들여야 의미가 있는 것입니다.

마흔에는 상대의 마음을 내 마음과 같다고 여기는 때가 많습니다. 내게 좋은 것이 상대에게도 좋다는 생각은 오만한 착각입니다. 어쩌면 되돌아오지 않을 은총을 기대하며 나만의 보물을 정신없이 나누고 있을지 모릅니다. 그러다 어느 순간 가진 것이 바닥나고 내 마음을 받지 않고 방치한 상대를 보며 원망의 말을 쏟아냅니다.

이제는 내 것을 내어주기 이전에 상대의 마음을 살핍니다. 꽤 신중하게 말입니다. 그리고 서로의 마음이 일치할 때 손안의 것을 나눕니다. 그것도 적당하게 말입니다.

삶에 무게를 더하는 이야기

아이가 초등학교에 들어가고 '학습'에 대한 개념을 새롭게 정의해 봤습니다. 이제는 놀이 방식이 아닌 공부다운 학습을 시켜야 하는 것은 아닌지 고민하게 된 것입니다. 종종 공부하는 데 경쟁심을 드러내는 아이를 보며 흐뭇한 마음이 들었습니다. 그리고 내 마음이 아이의 마음과 일치한다고 착각했습니다. 그런 착각 속에 몇 날 며칠 학습지를 알아보고 아이를 위한다는 명목으로 1년 치를 구독했습니다.

학습지 선생님과 공부하는 아이의 뒷모습을 보며 나도 모르게 얼굴에 미소가 지어졌습니다. 그런데 몇 주가 흐르고 학습지로 공부하기를 싫어하는 아이 모습을 보게 됐습니다. 속이 상했습니다. 그리고 아이를 보며 '네가 좋아해서 시작한 거잖아'라는 생각이 머릿속을 맴돌았습니다.

그런데 가만, 정말 아이가 좋아해서 학습지를 시작했는지 기억을 더듬어봅니다. 아니었습니다. 내 마음과 아이의 마음이 일치한다는 '착각'이 학습지를 찾아보게 만들고 1년 치의 목돈을 지출하게 했습니다. 내 마음을 아이가 받아들였는지 제대로 확인하지 않았던 겁니다.

마흔에는 많은 것을 아는 만큼 다양한 생각을 할 수 있으리라고 생각했습니다. 하지만 많이 안다는 착각은 '내 생각이 정답'이라는 터무니없는 자만심을 낳았고, 상대의 마음을 들여다볼 여지를 빼앗아 갔습니다.

  이제는 압니다. 호의도 상대가 받아들여야 의미가 있다는 것을 말입니다. 그래서 오늘은 아이의 마음을 들여다보고 작은 손을 끌어 놀이터로 향합니다. 이리저리 뛰어다니는 그 순간만큼은 내 마음과 아이의 마음이 정확히 맞아떨어집니다.

'강약약약'의 자세
Reading Aesop's Fables at Forty Is No Light Matter

낙타를 처음 본 사람들은 낙타의 큰 몸집과 등에 난 혹을 보고 겁을 먹었다. 그래서 사람들은 낙타를 먼발치에서 바라보기만 할 뿐 가까이 다가가지 않았다. 하지만 사람들은 시간이 지나면서 낙타가 온순한 동물이라는 것을 알게 되었다. 그렇게 낙타와 가까이 지내던 사람들은 낙타에게 무거운 짐을 지우고 길들이기 시작했다.

얼마의 시간이 더 지나자, 사람들은 낙타가 아무런 반항을 하지 못할 정도로 온순하다는 사실을 알게 되었다. 그래서 낙타를 잡아다가 굴레를 씌워 동네 아이들이 끌고 다니게 했다.

온화한 말과 배려 깊은 행동으로 자신을 편안하게 대해주는 사람은 어떤 사람일까요? 한없이 고마운 사람입니다. 하지만 때론 상대방이 편안하다는 이유로 무례하게 대하는 경우가 있습니다.

이야기 속 사람들은 낙타에 대한 두려움을 잊고 거침없이 낙타의 뒷덜미를 잡아 굴레를 씌웠습니다. 사람들은 온순한 낙타를 처음에는 친근하게 여겼지만, 이내 자신보다 약하다는 것을 깨닫고 이리저리 휘두르기 시작했습니다. 전형적인 '강약약강', 강한 자에게는 약하고 약한 자에게는 강한 모습입니다.

그런데 과연 우리는 '강약약강'의 모습에서 자유로울 수 있을까요? 진지하게 생각해봐야 할 문제입니다.

자신보다 강한 사람 앞에서는 주눅 들고 자기 생각을 말하기가 쉽지 않습니다. 강함은 '물리적인 힘의 강함', '권위에서 오는 강함', '기세에서 오는 강함', '논리적 근거에 따른 강함' 등이 있습니다. 그런 강함을 내세우는 사람에게 대적하는 것은 뒤따르는 수를 생각해야만 합니다. 그리고 승산이 없다는 생각이 드는 순간 맞서기를 포기하는 것입니다.

그런데 약자가 강자에게 강경하게 대응하는 것은 스스로 인생을 힘들게 만드는 일입니다. 와신상담(臥薪嘗膽)의 자세로 패배의 설욕을 통쾌하게 되갚는 일은 만화에나 나올 법한 장면입니다. 그러니 현실에서는 강자를 유연하게 대처하는 것이 현명한 방법입니다.

도가사상의 창시자인 노자 또한 "유약한 물이 능히 강하고 굳센 바위를 뚫는다"라고 말했습니다. 물은 작은 바위틈에 스며들어 얼고 녹기를 반복하다가 결국 집채만 한 바위를 쪼갭니다. 그리고 거친 돌풍 앞에서는 나무의 꼿꼿함보다 갈대의 유연함이 더 큰 힘을 발휘합니다. 강자에게 대들지 못했다고 자책할 이유가 없습니다. 긴 인생에서 평탄한 길을 걷기 위해서는 강함을 약함으로 대해야 하는 것입니다.

그럼 약한 자를 대할 땐 어떻게 해야 할까요? 인생에서 가장 버려야 할 삶의 태도가 바로 약자를 강하게 대하는 것입니다.

관계에서 약함이란 '남의 의견을 조건 없이 수용하는 것', '상대를 배려해 선수를 양보하는 것', '조금 손해 보는 것을 말없이 감내하는 것', '나쁜 기분을 굳이 말로 표현하지 않는 것' 등을 의미합니다. 한번 생각해보십시오. 그런 사람을 대할 때 자기의 마음가짐이 어떤지를 말입니다.

감정적으로나 물질적으로 손해 보는 사람을 약자로 점찍어서 제 뜻대로 휘두르려는 사람은 악인에 가깝습니다. 그렇게 관계에서 자기 우월감을 뽐내기 시작하면 인생에서 '좋은 사람', 즉 말없이 들어주고, 배려하고, 가진 것을 나누고, 감정의 기복 없이 편안한 사람을 놓치고 맙니다. 그렇습니다. 우리가 흔히 말하는 약한 자는 상대를 배려할 줄 아는 좋은 사람입니다.

마흔에는 '강약약약'의 자세로 살아갑니다. 강한 자에게 굳이 강함으로 맞서려고 애쓰지 않습니다. 유연함의 진짜 힘을 아는 이유에서입니다. 반면 약한 자를 대할 땐 낮은 자세로 그들의 고마움을 수시로 되새깁니다. 그렇게 좋은 사람을 곁에 두고 인생을 물처럼 살아갑니다.

삶에 무게를 더하는 이야기

평소 한없이 강해 보이는 사람이 있습니다. 뚜렷한 자기 주관을 가지고 거침없이 일을 추진하는 사람 말입니다. 직장에서뿐 아니라 가정에서도 그런 강한 사람이 있습니다.

제 아내는 참 강인한 사람입니다. 외면의 강함이 아닌 내면의 강함입니다. 생각이 깊은 만큼 말수는 적고, 자기가 내뱉은 말은 무조건 지킵니다. 그리고 저에게도 일상의 규칙을 정해두고 따르기를 권합니다. 시간이 지날수록 그 내면의 강함은 더욱 단단해지고 있습니다.

그런데 하루는 강해 보이기만 하던 아내의 얼굴에 그늘이 졌습니다. 평소 같았으면 묘한 긴장감을 느꼈을 테지만 이번엔 달랐습니다. 조심스럽게 아내에게 무슨 일이 있느냐고 물었더니 아무런 대답이 없었습니다. 고민하기 시작했습니다, 그늘의 원인이 나에게 있는지를.

그날 밤 아내와 야식을 먹으면서 다시 한번 고민거리가 있는지 물었고, 아내는 근심 가득한 얼굴로 저에게 말했습니다.

"엄마가 걱정돼서 그래."

얼마 전 장모님께서는 형제 상을 당하셨습니다. 장모님의 오빠셨는데, 형제들을 잘 챙기는 다정한 분이었다고 합니다. 장모님의 학교 졸업식 때마다 꽃다발을 들고 찾아오시고 장모님의 결혼을 누구보다 아쉬워하며 축하해준 분이라고 했습니다. 그 이야기를 듣다 보니 아내의 그늘진 얼굴이 이해되었습니다. 그리고 그런 아내가 안쓰러웠습니다.

그날 밤은 아내의 속마음을 말없이 들어주었습니다. 아내의 약한 모습을 보며, 약한 사람은 곧 좋은 사람이라는 것을 다시 한번 깨달았습니다. 소중한 사람을 마음을 다해 걱정하는 그 모습이 고맙고 사랑스러웠습니다.

마흔에는 사랑하는 사람을 약하게 대하기로 마음먹습니다. 그 약함이 상대에게는 다정함이자 사랑이라는 것을 아는 이유에서입니다.

'진짜 도움'을 주는 방법

Reading Aesop's Fables at Forty Is No Light Matter

한 마부가 자신이 관리하는 말을 매일 들여다보고 빗겨주며 말 관리인의 역할을 충실히 하고 있었다. 그런데 다른 한편으로는 말 먹이인 보리를 몰래 빼돌려 시장에 내다 팔고 있었다. 먹이가 부족해진 말은 점점 털에 윤기가 사라지고 기운이 쇠약해졌다. 참다못한 말이 빗질하는 마부를 향해 말했다.

"나를 진정으로 아낀다면 제발 보리를 내다 팔지 말아주세요. 제게 필요한 것은 먹이라고요!"

위 이야기 속 마부는 '자신은 어느 것 하나 빠지지 않는 훌륭한 말 관리인'이라는 자부심을 가지고 있었습니다. 말에게 다정한 목소리로 말을 건네고 헝클어진 털을 빗겨주며 자기 역할을 충실히 해내고 있다고 믿으면서 말입니다. 하지만 정작 말에게 중요한 것은 먹이였습니다. 그 먹이를 내다 팔았으니, 말에게 마부는 원수나 마찬가지였습니다.

우리는 때론 남에게 진짜 도움을 주고 있다는 착각을 합니다. 정성스럽게 털을 빗겨주는 일이 말에게 꼭 필요한 것이라고 여겼던 마부처럼 말이죠.

늦가을이 되면 각 지역에는 크고 작은 '김장 나누기 행사'가 열립니다. 여러 봉사단체가 모여 김장하고 어려운 이웃에게 김장을 나누는 행사인데, 때론 대상 세대를 찾는 일에 애를 먹곤 합니다. 그 이유는 같은 취지의 행사가 이곳저곳에서 열려서 이미 김장을 받은 세대가 많기 때문입니다. 그래서 종종 떠밀리듯 김장을 받는 집이 생기기도 합니다.

따뜻한 정을 나누려는 마음은 '좋은 마음'이 맞습니다. 하지만 원하지도 않는 김장을 강요하듯 전달하는 것은 말의 털을 빗겨주는 것처럼 공허한 도움인 것입니다. 어쩌면 음료수 하나를 들고 찾아가 그들의 안부를 묻는 것이 더 큰마음을 전하는 일일지 모릅니다.

지금 당신이 누군가에게 도움을 주고 있다고 생각한다면 원점으로 돌아가서 다시 한번 생각해봐야 합니다.

자녀에게 "내가 널 어떻게 키웠는데"라고 말하는 부모가 있습니다. 아이가 어렸을 때는 부모의 지원이 어떤 의미인지 잘 알지 못합니다.

그래서 부모가 정해준 학원에 다니고, 부모가 일러준 대로 친구를 사귀며 그 말을 의심 없이 따릅니다. 그런데 아이의 주관이 뚜렷해지는 시기가 되면 그런 말들은 잔소리에 지나지 않게 됩니다.

아이를 살뜰히 챙기는 마음은 '좋은 마음'이 맞습니다. 하지만 아이에게 정말 필요한 것이 무언인지 살펴야 '진짜 도움'을 줄 수 있습니다. 사춘기 자녀에게 필요한 것은 족집게 과외와 넉넉한 용돈이 아닌, 친구 문제를 묵묵히 들어줄 부모의 경청과 기다림입니다.

마흔에는 내 사람들에게 진짜 도움을 주기 위해 노력합니다. 그러기 위해서 나의 도움이 그에게 어떤 의미인지, 그가 정말 필요로 하는 것은 무엇인지 생각해봅니다. 만약 어느 하나 답을 찾지 못하더라도 초조해하거나 자신을 다그치지 않습니다. 그런 생각이 상대를 바라보는 마음의 눈을 가린다는 것을 알기 때문입니다. 그럴 땐 그저 묵묵히 상대의 말을 들어주기로 합니다.

'경청'은 아무리 지나쳐도 상대를 상처 입히지 않습니다. 그렇게 소중한 내 사람을 챙깁니다.

삶에 무게를 더하는 이야기

종종 과음하는 날이면 다음 날 출근이 걱정됩니다. 얻어 타고 갈 차를 구하지 못할 땐 어쩔 수 없이 도움을 구하는 사람이 있는데 바로 아버지입니다. 마침, 아침 출근길이 같은 아버지에게 부탁을 드리는 겁니다. 나이 마흔이 넘어 아버지의 차를 무임 승차한다는 것이 죄송스러워서 가는 길에 기름을 넣어드리곤 합니다.

하루는 아버지에게 "매번 늙은 아들을 태워 다니느라고 고생이 많으시네요" 하고 농담처럼 말했습니다. 그런데 아버지는 제 말에 뜻밖의 이야기를 하셨습니다.

"그게 무슨 말이야. 난 아들이랑 이런저런 얘기를 할 수 있어서 이 시간이 참 좋단다."

기름 한 번씩 넣어드리는 것은 아버지에게 큰 도움이 아니었습니다. 오히려 전날 과음하고 자신의 차를 얻어 탄 철없는 아들의 행동이 서로의 안부를 묻는 소중한 시간을 선물한 것입니다.

도움을 주고받는 관계는 시간이 지나면서 변한다는 것을 깨닫습니다. 어린 시절 부모님의 도움을 받으며 자란 내가 이제는 부모님에게 도움을 줍니다. 그리고 그 도움은 용돈을 한 번 더 드리고 차에 기름을 넣어드리는 것이 아님을 압니다. 함께하는 시간을 더해가는 것이 부모님의 마음을 넉넉하게 채우는 '큰 도움'인 것입니다.

그렇게 인생에서 '진짜 도움'을 주는 방법을 배워갑니다.

남을 지적하는 손가락이 가리키는 것은 '나 자신'이다

Reading Aesop's Fables at Forty Is No Light Matter

어미 게는 새끼 게가 옆으로 걷는 것이 못마땅했다. 참다못한 어미 게가 새끼 게에게 말했다.
"애야, 잔망스럽게 옆으로 걷지 말고 똑바로 걸으렴."
그러자 새끼 게가 말했다.
"엄마, 말로만 하지 마시고 직접 똑바로 걸어보세요. 그럼, 제가 그 걸음을 보고 따라 할게요."

어미 게는 돌출된 눈으로 자기의 걸음걸이는 보지 못했습니다. 그러면서도 자식의 걸음을 지적하고 있으니, 자기 닮은 꼴인 새끼 게가 그 말을 곱게 들을 리가 없었습니다. 본인에게는 관대하고 남에게는 엄격한 사람의 전형적인 모습입니다.

지적의 말을 쉽게 내뱉는 사람은 대개 '자신의 행동거지는 항상 바르다'라고 생각합니다. '나는 옳고 너는 그르다'라는 사고방식이 사사건건 지적의 말을 내뱉게 만드는 것입니다. 그런데 세상에 옳은 것과 그른 것을 명확하게 구분할 수 있는 일이 얼마나 있을까요?

한 남자가 길을 지나는 아이를 다급하게 불러 세웁니다. 아이가 지나는 길 몇 미터 앞에 큰 구멍이 나 있었기 때문입니다. 하지만 아이는 태연한 표정을 지으며 공중 부양하듯 그대로 길을 지납니다.

사실, 그곳에는 원근법을 이용한 트릭아트가 설치되어 있었습니다. 남자의 눈에 보이는 칠흑 같은 구멍이 아이의 시선에서는 얼룩 정도로밖에 보이지 않았던 것입니다. 이렇듯 서 있는 위치에 따라서 볼 수 있는 것이 제각각입니다. 하물며 눈에 보이지 않는 생각은 셀 수 없이 많은 이유로 차이가 생깁니다.

수세기 동안 진리로 여겨지던 것들이 하루아침에 '거짓'으로 판명 나는 세상입니다. 그러니 100년을 채 살지 못하는 우리가 옳고 그름을 논하는 것처럼 무의미한 일이 없습니다. 그저 눈앞의 일을 있는 그대로 바라보고 상대의 생각을 존중하는 것이 최선입니다.

지적을 멈출 때 비로소 '나 자신'이 보입니다. 자세히 들여다보면 눈에 거슬리는 상대의 행동은 모두 자기 안에 가지고 있는 것들입니다. 나에게 쌓인 불편한 감정이 남을 볼 때도 똑같이 발산되는 것입니다. 그러니 남을 지적하려는 마음이 들 때, 자신의 걸음걸이를 먼저 살펴야 합니다.

더 나아가 자기 눈에 거슬리는 단점은 오로지 '나만의 단점'이라는 것을 명심해야 합니다. 다시 한번 말하지만, 세상 만물의 옳고 그름은 상대성의 원리에 의해 존재합니다. 그러니 내가 불편해하는 상대의 모습이 모두에게 불편한 것은 아닙니다.

마흔에는 '지적'이라는 단어를 인생 사전에서 지우기로 합니다. 내가 아는 그것이 진실이 아님을 알고, 남이 알고 있는 그것이 그르지 않다는 것을 알아서입니다. 지금 당신 앞의 사람은 내 맘과 같지 않습니다. 그것이 일반적입니다. 오히려 내 맘과 꼭 맞는 상대는 악의를 가진 사기꾼일 수 있습니다. 그렇게 지적을 멈추고 나를 들여다본 뒤, 남을 있는 그대로 이해하기 시작합니다.

삶에 무게를 더하는 이야기

누구나 정도의 차이가 있을 뿐 '어떻게 해야 한다'라는 식의 강박을 한두 가지 정도 가지고 있습니다. 타고난 본성이든 습관으로 굳어진

생활방식이든 그 강박은 일상 곳곳에서 발현됩니다. 그런데 때론 그런 강박적 사고를 나 자신뿐만 아니라 상대에게도 강요하곤 합니다.

혼자 살 땐 집안일을 하는 데 아무런 거리낌이 없었습니다. '방관 육아'라는 말이 있듯 집을 '방관 관리'하고 있었습니다. 필요 최소한의 정리만 해도 큰 불편함 없이 잘 살았습니다. 다만 유독 한 가지 집착하는 집안일이 있었는데 바로 '옷 정리'였습니다.

외출하고 집에 돌아오면 무조건 옷을 옷장에 걸어두었고, 옷걸이의 방향을 한쪽으로 맞춰야만 마음이 놓였습니다. 널브러진 잡동사니 사이에서 옷장만은 유일하게 말끔했습니다.

10년 가까이 혼자 살다가 결혼했습니다. 아내와 한집에서 생활하게 됐다는 의미입니다. 아이가 태어난 이후에는 세 명이 한 조입니다. 한집에 사는 세 사람 모두 저마다의 강박적 사고가 녹아든 생활 습관을 지니고 있었습니다.

아이가 기어다니기 시작할 무렵, 잠잘 때 보슬보슬한 이불의 앞면을 덮어주어야 한다는 사실을 알게 되었습니다. 또 조금 더 자라서는 밥과 반찬은 되도록 따로따로 먹기를 선호한다는 사실도 알게 됐습니다. 아이만의 생활 습관인 셈입니다.

아내는 계획적인 사람입니다. 그만큼 자신만의 생활 규칙이 확고합니다. 우리 집안을 살뜰히 챙기는 그 모습이 보기 좋습니다. 다만 정말 보고만 있어서는 안 되지만 말이죠. 아내는 저에게 지적이 아닌 솔선수범하는 모습을 보입니다. 아내의 그림자를 잘 따라만 한다면 집 안은 항상 말끔합니다. 다만 집안일을 하는 데 아내에게 부족한 단 한 가지는 옷장 정리입니다. 나에게는 있고 그녀에게는 없는 유일한 부분입니다.

오늘도 아내는 옷장 앞에 옷을 고스란히 벗어두었습니다. 그리고 그 옆에는 머리를 말리고 놓아둔 수건이 있습니다. 저는 말없이 옷을 정리하고 수건을 세탁실에 가져다 놓습니다. 내가 나서서 챙길 수 있는 몇 안 되는 집안일입니다.

지적은 나를 향한 불만의 다른 모습입니다. 마음에 들지 않는 것은 오로지 나만의 불편함입니다. 그렇게 오늘도 나를 한 번 더 살핍니다.

자식은 활시위를 떠난 화살과 같다
Reading Aesop's Fables at Forty Is No Light Matter

한 원숭이가 새끼를 두 마리 낳았다. 그런데 어떤 연유에서인지 어미 원숭이는 둘 중 유독 한 마리에게만 애정을 쏟았다. 어미는 아끼는 새끼 원숭이를 항상 품 안에 끼고 다녔다. 그런데 아이러니하게도 아낌없는 사랑을 받던 새끼 원숭이는 어미의 품 안에서 질식해 죽고 말았다. 반면, 뭐든 스스로 해결해야 했던 새끼 원숭이는 건강하게 자라나 타고난 수명을 온전하게 누릴 수 있었다.

자식은 언제까지나 '품 안의 자식'일 수 없습니다. 아이의 주관이 뚜렷해지기 시작하면서 갈등을 겪는 부모가 많습니다. 그때 자녀에 대한 애정이 크면 클수록 부모의 속은 불편할 수밖에 없습니다. 그리고 자기 말을 거스르는 아이를 보며 '우리 착한 아이가 변했다'라고 생각합니다. 만약 자기 품을 떠나려는 아이를 '사랑'이라는 이름으로 옥죈다면, 아이는 숨이 막혀 생기를 잃어버리고 맙니다. 마치 어미의 품 안에서 싸늘한 사체가 된 새끼 원숭이처럼 말입니다.

올바른 부모의 역할은 자녀가 사회에 나가서 안정적으로 생활할 수 있도록 돕는 것입니다. 이와 관련해서 발달심리학자 존 볼비는 '애착 이론'을 주창했습니다.

애착 이론은 부모가 어린 자녀의 요구에 일관되고 즉각적인 반응을 보일 때 안정적인 애착이 형성되고, 자녀는 부모를 '안전 기지'로 여기게 된다는 점을 설명합니다. 이때 애착이 잘 형성된 아이들은 점차 부모에게서 떨어져 사회를 경험하고 독립심을 키워나갑니다. 언제든 돌아와 쉴 수 있는 '안전 기지'가 있다는 믿음은 아이의 성장에 큰 힘이 되는 것입니다.

믿음과 지지의 힘이 한 사람의 성장에 어떤 영향을 미치는지를 잘 보여주는 영화가 있습니다. 바로 〈굿 윌 헌팅〉입니다.

영화의 주인공 윌 헌팅은 말 그대로 천재입니다. 하지만 학대당했던 어린 시절의 트라우마를 극복하지 못하고 스스로 파멸의 길을 걷고 있었습니다. 그러던 어느 날, 윌은 심리 상담사 숀 맥과이어를 만나게 됩니다. 숀은 여느 상담사와는 달리 윌의 문제를 지적하거나 틀에 박힌 정답을 알려주지 않았습니다. 그 대신 숀은 격정적인 감정에 휩싸인 윌을 안아주며 거듭 "네 잘못이 아니야" 하고 말했습니다. 윌은 자신을 믿어주는 숀을 '안전 기지'로 여기게 되었고, 마침내 과거의 자신을 용서합니다.

레바논 출신의 시인이자 화가인 칼릴 지브란은 시집 《예언자》에서 말합니다.

'자식은 활시위를 떠난 화살과 같다.'

자식은 부모라는 활시위에 머물다가 줄의 압력이 최대치에 이르렀을 때 튕겨 날아가는 화살과 같습니다. 한 번 쏜 화살은 다시 붙잡을 수 없습니다. 이렇듯 부모는 자식이 세상에 나아갈 수 있도록 돕는 활시위일 뿐입니다. 그 화살의 방향과 속도를 정하는 것은 오롯이 자식의 몫입니다.

자녀의 든든한 지지자가 된다는 것은 결코 쉬운 일이 아닙니다. 자기 뜻과 다르게 선택하고 행동하는 아이를 보며 순간순간 '그게 아닌데'라는 생각이 드는 이유에서입니다. 하지만 자녀의 든든한 '활시위'이자 '안전 기지'가 되기 위해서는 아이의 생각을 지지해주는 것이 맞습니다. 그리고 굳이 한마디 하고 싶다면 정답이 아닌 다양한 선택지를 알려주는 정도에 그쳐야 합니다.

잠시, 평소 아이를 대하는 마음가짐을 생각해봅니다. 인생을 조금 더 살았다는 알량한 노파심이 아이의 마음을 억누르고 있는 건 아닌지 살피면서 말입니다. 키 작은 아이의 세상은 어쩌면 키 큰 아빠의 세상보다 더 크고 넓을지 모릅니다. 아빠의 시선에서는 볼 수 없는 것을 아이는 보고 있을 테니 말입니다.

삶에 무게를 더하는 이야기

때론 아이의 순수함을 통해 세상을 배워갑니다.

비가 오는 어린이날이었습니다. 며칠 전부터 어린이날을 손꼽아 기다리던 아이가 실망하진 않았을까 하고 걱정이 됐습니다. 하지만 비가 와도 어린이날은 어린이날인가 봅니다. 눈 뜨자마자 오늘의 일정을 읊는 아이의 표정이 해맑습니다.

집 근처 행사장에 들렀습니다. 비는 잠시 소강상태였습니다. 아이와 함께 이런저런 체험을 하며 돌아다니다 보니 허기가 져서 간식을 사 먹기로 했습니다. 아이가 좋아하는 추로스 그리고 아내가 좋아하는 떡볶이를 샀습니다.

앉을 자리를 찾기 위해 두리번거리고 있는데, 갑자기 천둥소리가 들리기 시작했습니다. 그리고 잠시 뒤, 빗방울이 쏟아졌습니다. 급하게 한 건물 처마 밑으로 몸을 피하고는 아내와 아이를 챙겼습니다.

빗소리를 들으며 한 입 얻어먹는 추로스는 맛이 좋았습니다. 그런데 한참 추로스를 먹던 아이가 엄마와 아빠를 돌아보며 말했습니다.

"엄마 아빠, 비가 와서 참 다행이다."

순간, '아이도 비 오는 감성을 즐기는 건가?'라는 생각이 들었습니다. 그런데 아이는 뜻밖의 이야기를 했습니다.

"꽃이랑 풀들이 마음껏 물을 마실 수 있잖아."

아이가 바라보는 세상은 순수합니다. 때론 어른의 논리로 아이의 세상을 잿빛으로 물들이고 있는 것은 아닌지 반성하게 됩니다. 이제는 그저 말없이 아이의 곁을 지키기로 마음먹습니다. 먼 훗날 세상살이에 지친 아이가 언제든 돌아와 쉴 수 있다면 그걸로 되었습니다.

행동이 따르지 않는 말은 허공을 맴돌 뿐이다

Reading Aesop's Fables at Forty Is No Light Matter

 사냥꾼에게 쫓기던 사슴이 한 남자를 보고는 자신을 숨겨달라고 애원했다. 남자는 사슴을 자기 집에 숨겨주었다. 그리고 잠시 뒤, 사냥꾼이 뛰어와 남자에게 사슴 한 마리를 보지 못 했느냐고 물었다. 남자는 말로는 보지 못했다고 하면서도 손가락으로는 자기 집 방향을 가리켰다. 하지만 사냥꾼은 남자의 말만 듣고 손가락의 움직임은 신경 쓰지 않았다.

그렇게 사냥꾼이 떠나고 나서 숨어 있던 사슴이 집 밖으로 나왔다. 사슴은 남자를 쳐다보지도 않고 뒤돌아 제 갈 길을 가려고 했다. 남자가 숨겨준 은혜도 모르는 사슴이라며 핀잔을 주자, 사슴이 말했다.

"당신의 말과 손가락의 방향이 일치했다면 정말 고마운 일이었겠죠. 나는 사냥꾼의 어두운 눈 덕분에 살 수 있었다고요."

⚜

 이야기 속 남자는 사슴을 숨겨준 뒤, 뒤쫓아온 사냥꾼에게 말과 행동이 다른 모습을 보여줍니다. 다행히 사냥꾼이 남자의 손가락을 대수롭지 않게 여겨 사슴은 목숨을 구할 수 있었습니다. 평소에도 남자는 말과 행동이 일치하지 않는 사람임이 분명합니다. 사슴의 목숨을 두고도 자기 말을 가볍게 뒤집어버렸으니 말입니다.
 말과 행동이 다른 사람이 있습니다. 그중 남을 속이려는 의도를 가진 사람은 애초에 자기가 내뱉은 말을 지키려는 의지가 없습니다. 전형적인 사기꾼입니다.
 한편, 그런 악의를 품지 않더라도 자기가 한 말을 지키지 못하는 때가 있습니다. 궂은 날씨에 차편이 취소되거나 불의의 사고를 당하는 등 예측할 수 없는 일이 생겨 약속을 지키지 못하는 경우입니다.
 그런데 기망행위에 이르지 않고 불가항력적인 일이 발생하지 않은, 그 중간지점에 서서 말과 행동을 다르게 하는 사람이 있습니다. 이런 사람은 '못해도 그만이지 뭐'라는 생각으로 쉽게 말을 내뱉습니다. 즉, '언행 불일치'가 습관으로 자리 잡은 사람입니다.
 말은 그에 걸맞은 행동이 따르지 않으면 허공을 맴돌다가 흩어지는 허무한 소리에 지나지 않습니다. 바로크 시대의 작가이자 철학자인 발타자르 그라시안은 자신의 저서 《사람을 얻는 지혜》에서 말합니다.

'말은 행동의 그림자다.'

이는 행동이 뒷받침되지 않는 말은 본체가 사라지면 소멸하는 그림자와 같다는 의미입니다.

'말하기'는 입을 벌려 소리를 내는 아주 간단한 행위입니다. 그러니 상상할 수 있는 모든 것은 입을 통해 내뱉을 수 있습니다. 하지만 그 말을 실천하기란 쉬운 일이 아닙니다. 말이 허황할수록 실천 가능성은 낮아집니다. 이에 공자는 《논어》〈이인〉편에서 '군자는 말하는 데 더디고, 행동하는 데 민첩하다'라고 말합니다. 이는 '말은 신중히 하되 행동은 민첩해야 함'을 강조한 것입니다.

마흔에는 번지르르한 말을 여기저기 내뱉습니다. 때때로 "나 때는 말이야" 하면서 말입니다. 이제는 허공을 맴도는 말은 줄이고, 먼저 몸을 움직이는 게 정답이라는 사실을 깨닫습니다.

"언제 식사 한번 해야죠", "제가 시간 되면 알아봐 드릴게요", "내가 다음에 좋은 우량주 하나 알려줄게", "아빠가 다음에 꼭 놀이동산 데리고 갈게", "여보, 이번 연휴에는 근사한 데 여행이라도 갈까?" 등등 쉽게 나오는 말일수록 그 무게감을 느끼기 위해 노력합니다. 행동이 따르지 않는 말은 곧 사라질 그림자라는 사실을 아는 이유에서입니다.

말하기 전에 그 말을 실천하는 내 모습을 떠올려봅니다. 만약, 행동에 나서기가 조금이라도 망설여진다면 아무 말도 꺼내지 않습니다.

그렇게 말과 행동의 간극을 없애는 노력은 내 삶을 진실되게 살아가는 방법이자, 관계에서 신뢰를 쌓을 수 있는 유일한 길입니다.

삶에 무게를 더하는 이야기

〈라이어 라이어〉는 미국의 코미디언이자 배우인 짐 캐리 주연의 영화입니다. 영화에서 짐 캐리는 성공을 위해 습관적으로 거짓말을 하는 이혼 전문 변호사로 나옵니다. 심지어 그는 어린 아들과의 약속도 어기기 일쑤였습니다.

하루는 그의 어린 아들이 "아빠가 하루 동안만 거짓말을 못 하게 해주세요!"라고 소원을 빌게 되고, 놀랍게도 그 소원은 현실이 됩니다. 그렇게 짐 캐리는 언행이 일치한 하루를 보내게 됩니다. 그는 일상에서도 법정에서도 거짓말을 할 수 없게 되자 곤경에 빠지기도 하지만, 진실을 말하게 됨으로써 그동안 삶이 얼마나 부질없었는지를 깨닫습니다.

자신의 한 말이 곧 인생이 되고 자기 인생이 곧 말이 되는 삶을 상상해보십시오. 생각이 말로 이어지고 그 말에는 반드시 행동이 따르는, 물 흐르듯 자연스러운 삶입니다.

결혼하기 전, '부부 싸움 없이 잘 지내려면 어떻게 해야 할까?'라는 주제를 가지고 아내와 많은 대화를 나눴습니다. 그때마다 저는 '다정한 말투'를 중시했고, 아내는 '그보다는 행동'을 중시했습니다.

본격적인 결혼생활이 시작됐습니다. '다정한 말 습관이 가장 중요하다'는 제 의견을 존중해준 아내 덕분에 원만한 결혼생활이 이어졌습니다. 서로 짜증 내거나 화내지 않고 대화로 풀어가는 방식은 갈등을 해결하는 데 큰 도움이 됐습니다.

그런데 1년쯤 지나자, 약간의 문제가 생겼습니다. 아내의 말에 의하면 저의 다정한 말과 달리 뒤따르는 행동은 전혀 다정하지 못하다는 것이었습니다. 풀어서 이야기하자면 '말을 쉽게 내뱉고 그 말을 지키지 않는다'라는 뜻이었습니다.

생각해보니 그랬습니다. "여보, 일찍 퇴근하고 집 안 정리하느라 힘들었지?" 하고는 양말을 뒤집어 벗어놨습니다. 또, "분리수거함은 내가 맡아서 정리할게" 하고는 몇 주째 들여다보지 않았습니다. "주말에는 가까운 곳으로 나들이 갈까?" 하고는 여봐란듯이 늦잠을 잤습니다. 다행히 아내는 화를 누그러뜨리고 다정한 말투로 말해주었습니다. 부단히 노력한 끝에 생각이 말로 이어지고 그 말에는 반드시 행동이 따르는, 물 흐르듯 자연스러운 결혼생활을 유지하고 있습니다.

말과 행동, 어느 것 하나 중요하지 않은 게 없습니다. 하지만 홀로 두고 봐서는 의미가 없습니다. 마흔에는 말과 행동이 일치해야 온전한 삶을 살 수 있음을 깨닫습니다.

잠시 쉬어 가는 길, 회복

자연스러운 삶은 '마땅함'에서 비롯된다
Reading Aesop's Fables at Forty Is No Light Matter

어부가 물고기를 잡기 위해 바다에 그물을 던졌다. 어부의 그물은 여느 어부들의 것보다 훨씬 크고 무거웠지만, 힘이 센 어부는 그물을 아주 능숙하게 다뤘다. 마침내 어부가 던져놓은 그물을 건져 올리기 시작했다. 큰 그물에 걸맞은 대어가 수십 마리 잡혀 올라왔다. 하지만 작은 물고기는 그물코가 성긴 탓에 모두 빠져나갈 수 있었다. 잡힌 물고기를 보며 어부가 말했다.

"작은 물고기는 그 나름대로 맛이 있는데, 큰 그물로는 잡을 수가 없구나."

이야기 속 어부는 그물을 들고 바다로 향했습니다. 그 그물은 힘센 자신에게 걸맞은 아주 큰 그물이었습니다. 그런데 물속에서 그물을 건져 올릴 생각을 하니 그물코를 촘촘하게 만들 수가 없었습니다. 그물과 함께 딸려 올라올 물의 무게까지 고려해야 했기 때문입니다. 결국 구멍이 성긴 그물로 잡은 물고기는 모두 큰 물고기뿐이었습니다. 어부는 내심 작은 물고기도 잡히길 바랐지만, 성긴 그물로는 작은 물고기를 잡을 수 없었습니다.

사물은 저마다의 쓰임새가 있습니다. 그러니 크고 값비싼 것이 무조건 좋은 건 아닙니다. 만약 소형차에 고성능 스포츠카에나 사용하는 6기통 엔진을 집어넣는다면 어떻게 될까요? 아마도 가속페달을 밟자마자 차 후미가 치솟아서 전복되고 말 겁니다. 반대로 큰 힘이 필요한 트럭에 작은 엔진을 넣었다가는 몇 미터 가지도 못해 차가 멈춰버리고 말 겁니다. 이렇듯 차종에 따라 적정한 출력을 내는 엔진을 사용해야 합니다.

사람이 하는 일도 마찬가지입니다. 일의 경중을 따져보고 힘을 줘야 할 때와 빼야 할 때를 잘 분간해야 합니다. 간단하게 처리할 수 있는 일은 적당히 고민하고 마무리할 수 있어야 합니다. 만약, 단순한 일을 붙잡고 몇 날 며칠 고민한다면 전체적인 흐름을 그르칠 수 있습니다. 반대로 중요한 일이라면 정신을 집중하고 모든 자원을 동원해서 전심전력해야 합니다. 큰 물고기와 작은 물고기를 잡는 그물이 다르듯 일의 중요도에 따라 몰입의 강도를 조절하는 지혜가 필요한 것입니다.

'마땅하다'라는 표현은 '조건이나 정도에 어울리도록 알맞다'라는 뜻입니다. 어떤 일이 잘 풀리지 않는다면 그 일을 대하는 자신의 마음가짐, 들이는 시간과 노력 등이 마땅한지 살펴봐야 합니다.

'혹시 사소한 일에 목숨을 걸고 있진 않은가?'

'반대로, 밤낮으로 고민해야 하는 일을 뒷전으로 미뤄놓진 않았는가?'

두 가지 질문에 "아니오"라고 당당하게 답할 수 없다면 진지하게 고민해봐야 합니다. 그리고 삶에서 아귀가 들어맞지 않는, 마땅하지 않은 일을 줄여가야 합니다.

마흔에는 벌여놓은 일이 참 많습니다. 그 모두를 수습하기에 시간은 부족하기만 합니다. 그러니 매번 전심전력으로 내달릴 수도 없는 노릇입니다. 때때로 멈춰 서서 지금 손에 쥐고 있는 일을 나열해봅니다. 그리고 일의 중요도에 따라 순서를 정리합니다. 그렇게 물고기의 크기에 맞는 그물을 마련하듯 인생을 설계해나가는 겁니다. 그 과정에서 '힘을 줘야 할 순간', '잠시 멈춰 서야 할 순간', '주위를 살펴야 하는 순간'을 알아갑니다. 마땅한 일이 늘어갈수록 인생은 물처럼 유연하게 흘러갑니다.

그렇습니다. 자연스러운 삶은 '마땅함'에서 비롯되는 것입니다.

삶에 무게를 더하는 이야기

자녀가 남보다 앞서 나가기를 바라는 부모의 마음은 모두 같습니다. 그래서 많은 학생이 선행 학습을 합니다. 아무리 저출산 문제가 불거지고 경기가 좋지 않다는 기사가 터져 나와도 부모의 학구열은 식을 줄 모릅니다. 영재 교육원이나 사립 초등학교에 들어가기 위한 '4세 고시'라는 말이 있을 정도이니 말입니다. 이런 현상은 분명 '마땅함'과는 거리가 있습니다.

얼마 전 초등학교 교사인 친구를 만났습니다. 3학년 담임을 맡고 있는 친구는 아이들의 선행 학습에 대한 자기 생각을 들려주었습니다.

"요즘 아이들은 학원에서 선행 학습을 하는 경우가 많아. 그런데 그런 아이들이 언뜻 보면 뛰어난 듯 해도 제 나이에 맞는 단계를 꼼꼼하게 다지지 못하기도 하지. 그래서 어려운 문제는 척척 맞히는데, 의외로 쉬운 문제에서 실수하는 경우가 있더라고. 뭐든 제 나이에 맞는 학습의 단계가 있는데 그 점을 놓치고 있는 것 같아."

친구의 말에 많은 생각을 하게 됐습니다. 아이의 교육뿐만 아니라 내가 삶에서 겪는 일들도 그 시기에 맞는 마땅한 과정을 간과하고 있는 것은 아닌지를 말입니다.

한 단계 앞서는 기술이나 이론들이 그 전 단계를 모두 아우를 수 없다는 것을 깨닫습니다. 모든 일에는 적절한 힘과 노력, 기술, 집중력

등이 필요한 법입니다. 그러니 작은 일에는 그물코가 촘촘한 그물을 꺼내 드는 지혜가 필요합니다. 아무리 그물이 크더라도 구멍이 성기면 작은 물고기를 잡을 수 없기 때문입니다.

이제는 하루아침에 뛰기를 바라지 않습니다. 바르게 걷는 법을 익힌 뒤에야 온전한 추진력을 얻을 수 있음을 알아서입니다. 그렇게 조급함을 버리고 삶 곳곳에 '마땅함'이 자리 잡기를 바랍니다.

잘 쉬어야 운도 뒤따른다
Reading Aesop's Fables at Forty Is No Light Matter

어부가 물고기를 잡기 위해 배를 몰고 먼바다로 나갔다. 여러 차례 그물을 던졌다 끌어올렸다 했지만 모두 허탕을 치고 말았다. 하루 종일 한 마리의 고기도 잡지 못한 어부는 의욕을 잃고 배 한편에 멍하니 앉아 있었다.

그런데 갑자기 쿵, 하는 소리와 함께 거대한 다랑어 한 마리가 배 안으로 뛰어 들어왔다. 아마도 무언가에 쫓기던 다랑어가 미처 배를 피하지 못한 모양이었다. 어부는 다랑어를 시장에 내다 팔아 큰돈을 벌 수 있었다. 누군가가 어부에게 물고기 잡는 요령을 묻자, 어부가 대답했다.

"너무 애쓰지 말고 편안하게 쉬다 보면 저절로 잡히기도 하는 것이 물고기라네."

⚜

어부는 먼바다에 배를 정박한 뒤 쉬지 않고 그물을 던졌습니다. 넘치는 의욕으로 여러 차례 작업을 반복했지만, 물고기는 한 마리도 잡히지 않았습니다. 어부는 좌절했습니다. 이제 그가 할 수 있는 일이라고는 그물을 정리하고 집으로 돌아가는 것뿐이었습니다. 그런데 잠시 쉬던 그의 눈앞에 거대한 물고기 한 마리가 난데없이 떨어졌습니다. 그렇게 어부는 물고기를 잡는 일련의 과정에서 좌절이 희망으로 바뀌는 경험을 했습니다.

이야기 속 어부는 자기 일에 애정이 넘치는 사람이었습니다. 열정적으로 그물질하는 그의 모습에서 그동안 그가 물고기를 잡기 위해 얼마나 많은 노력을 해왔는지 짐작할 수 있습니다. 물고기가 다니는 길목을 살피고, 알맞은 크기의 그물을 마련하고, 날씨를 고려해서 출항일을 정하는 등 어부로서 최선을 다합니다. 그 노력은 어부가 지치지 않고 일할 수 있는 열정의 불씨가 되었습니다.

하지만 어떤 일을 할 때, 열심히 매달리는 것 못지않게 중요한 것이 있습니다. 바로 '열심히 쉬는 것'입니다. 배 안으로 다랑어가 날아든 순간은 아이러니하게도 어부가 모든 힘을 빼고 쉬고 있을 때였습니다다. 만약 적에게 쫓기던 다랑어가 부산스럽게 움직이는 어부를 봤다면 일찌감치 방향을 틀어 배를 피했을 겁니다.

내달리기만 해서는 불현듯 찾아오는 행운을 손에 쥘 수 없습니다. 어쩌면 그 섬에 찾아든 '운'이라는 것은 복잡한 생각을 갈무리하는 과정에서 얻게 되는 선물인지도 모릅니다. 그러니 잘 쉬는 사람에게 찾아오는 운은 스스로 불러들인 '복'인 것입니다.

뇌과학에서 쉴 때의 뇌는 '디폴트 모드 네트워크(Default Mode Network, DMN)'가 활성화된다고 이야기합니다. DMN은 서로 다른 뇌의 영역을 연결하며 기존에 가지고 있던 정보와 새롭게 획득한 정보를 결합하는 역할을 합니다. 이는 주로 무언가에 열중하기보다 휴식 중이거나 잠잘 때 활성화되는 뇌의 상태입니다. 이렇게 보면 쉬는 행위는 단순히 몸의 긴장을 풀고 체력을 보충하는 걸 넘어 생각을 재정립하는 과정인 것입니다.

휴식이 불현듯 깨달음을 주기도 합니다. 고대 그리스의 수학자이자 물리학자인 아르키메데스는 왕으로부터 난제를 부여받았습니다. 바로 '자기의 순금 왕관에 불순물이 섞여 있는지를 알아내라'라는 다소 황당한 과제였습니다. 그는 몇 날 며칠 고심했지만, 방법을 찾지 못했습니다.

어느날 아르키메데스는 몸과 마음의 피로를 풀기 위해 목욕탕에 들렀습니다. 휴식을 취하던 그는 불현듯 왕의 수수께끼를 풀어낼 단서를 찾습니다. 바로 탕 안에 사람이 들어갈 때 물이 넘치는 것을 보고 부력의 원리를 깨달은 것입니다. 그는 너무 기쁜 나머지 소리를 질렀습니다. 그 유명한 '유레카'를 외치면서 말입니다.

때때로 마흔에는 삶에 찾아드는 운을 바라며 삽니다. 그런데 그 바람이 커져 자기도 모르게 무리를 합니다. 조금이라도 애쓰면 그 운을 복으로 바꿀 수 있다는 희망을 품으면서 말입니다. 하지만 충분히 노력했다면 적당히 쉴 줄도 알아야 합니다. 편안하게 내려앉을 곳을 찾는 '운'이라는 녀석이 부산스럽게 움직이는 당신을 보고 달아날지도 모르기 때문입니다.

이제는 잘 쉬기로 마음먹습니다. 그렇게 몸과 마음에 깃든 쉼이 불현듯 찾아오는 운을 스스로 불러들이는 '복'으로 바꿔줄 테니 말입니다.

삶에 무게를 더하는 이야기

잘 쉬어야 운이 찾아옵니다. 마찬가지로 잘 쉬어야 더 큰 성장을 이룰 수 있습니다. 기술이나 학습에서 성장곡선은 계단형입니다. 누구든지 배움의 초기에는 가파른 성장세를 보이지만 어느 정도 실력이 쌓이면 정체기가 찾아옵니다. 소위 '슬럼프'라고 불리는 이 구간을 어떻게 극복하는지에 따라 성장곡선이 달라집니다.

제자리를 맴도는 듯한 기분이 든다면 발걸음을 멈추고 몸과 마음이 힘을 빼야 합니다. 그렇게 지나온 길을 되돌아보고 주위를 살피는 겁니다. 그 잠깐의 휴식은 지금껏 쌓아온 것들을 서로 잇고 더 큰 도약을 위한 밑거름이 됩니다.

 취미로 시작한 테니스에 점점 빠져들었습니다. 없는 시간을 쪼개가며 강습을 받고 틈틈이 지역 대회에도 참가했습니다. 그런데 어느 정도 실력이 쌓이자, 정체기가 찾아왔습니다. 연습에 많은 시간을 들이는데도 실력이 늘지 않는 '슬럼프'에 빠진 것입니다.

 한동안 테니스장에 나가지 않았습니다. 그러는 사이, 직장에서 점심시간에 재미 삼아 탁구를 연습했습니다. 탁구의 속도감 있는 경기 방식과 라켓으로 공을 맞히는 쾌감이 꽤 좋았습니다. 그렇게 한 달쯤 탁구를 배우다가 문득 테니스 생각이 났습니다. 그래서 다시 라켓을 챙겨 들고 테니스장으로 향했습니다.

 한 달이라는 공백이 무색할 정도로 경기에 몰입했습니다. 그런데 몇 경기 하다 보니 전보다 실력이 나아진 것만 같았습니다. 특히 그동안은 모든 공을 강하게 치기 위해 애썼지만, 이제는 코트 구석을 정교하게 노리는 자신을 보게 됐습니다. 그런데 그것은 나만의 착각이 아니었습니다. 함께 경기한 모든 사람이 그동안 특별 강습을 받고 있었던 게 아니냐며 농담할 정도였습니다. 슬럼프를 극복하는 순간이었습니다.

 정체기를 잘 넘긴 이유는 바로 탁구에 있었습니다. 작은 공을 안전하게 넘기기 위해서 저 자신도 모르는 사이 힘 조절 연습이 된 것입니다. 휴식기 동안 익힌 탁구 기술이 테니스와 접목되어 한 단계 성장할 수 있었습니다.

 인생에 그냥 찾아오는 운은 없습니다. 운의 다른 의미는 몸과 마음을 가볍게 한 뒤 얻어낸 '복'입니다.

공을 이루었으면 몸은 뒤로 물려야 한다
Reading Aesop's Fables at Forty Is No Light Matter

어떤 사람이 황금알을 낳는 암탉을 가지고 있었다. 암탉은 보통 하루에 한 개의 황금알을 낳았다. 그는 처음 얼마 동안은 행복했다. 하지만 날이 갈수록 암탉이 낳는 알의 개수가 아쉬웠다. 그러던 어느 날 문득 이런 생각이 들었다.

'암탉의 뱃속에는 황금이 가득 들어차 있지 않을까?'

그의 의심은 어느새 확신으로 바뀌었다. 그래서 그는 그토록 아끼던 암탉을 잡아다가 배를 갈랐다. 하지만 암탉의 뱃속은 여느 닭과 다르지 않았다. 그렇게 그는 황금알을 낳는 보석 같은 암탉을 허무하게 잃고 말았다.

위 이야기 속 암탉의 주인은 세상에 부러운 것이 없는 사람이었습니다. 매일 눈부신 황금알을 얻을 수 있으니 말입니다. 이때, '황금알'을 우리가 인생에서 이룰 수 있는 '성공'에 빗대어 생각해볼 수 있습니다. 암탉 주인은 자기가 이룬 성공에 만족하지 못하고 욕심을 부리다가 모든 기반을 잃고 맙니다. 만약 암탉을 잘 먹이고 보듬어줬다면 천명이 다하는 날까지 황금알을 얻을 수 있었을 텐데 말입니다.

'박수 칠 때 떠나라'라는 말처럼 가장 빛나는 순간에 자리에서 물러난다면, 그 업적은 오래도록 아름답게 기억됩니다. 하지만 원하는 바를 손에 넣고도 지나치게 욕심을 부리다가는 결국 내쫓기듯 물러나야 합니다. 암탉 주인은 인생의 성공, 즉 황금알을 얻은 뒤에도 만족하지 못하고 암탉의 배를 가르는 참극을 벌였습니다.

이와 비슷한 의미의 사자성어로 '공수신퇴(功遂身退)'가 있습니다. 이는 노자의 《도덕경》에서 유래한 사자성어로, '공을 이루었으면 몸은 뒤로 물려야 한다'라는 뜻입니다.

장량은 중국 한나라의 건국 공신으로, '공수신퇴'의 지혜를 실천한 역사적 인물입니다. 장량은 뛰어난 책략가로서 유방을 도와 한나라를 세우는 데 큰 공을 세웁니다. 특히 '사면초가(四面楚歌)'로 알려진, 사방에서 초나라 노래를 불러 항우의 군사들을 동요하게 만든 일화가 유명합니다.

그는 한나라 건국 후 유방이 공신을 대하는 태도가 예전과 달라졌음을 느낍니다. 그 길로 장량은 정치 일선에서 물러나 은둔생활을 시작합니다. 다른 공신들이 권력을 놓지 못하고 세를 확장하려다가 숙청을 당한 것과 달리, 욕심을 버리고 자리를 물린 장량은 평온한 말년을 보낼 수 있었습니다.

때론 슬기롭게 물러나는 것이 새로운 길을 개척하는 기반이 되기도 합니다.

뛰어난 실력을 자랑하는 운동선수가 있었습니다. 그는 참가하는 대회마다 최고 기록을 경신하며 우승을 차지했습니다. 하지만 모든 운동선수가 그렇듯 전성기를 지나자, 실력이 점점 떨어졌습니다. 그는 은퇴를 고민하기 시작했습니다. 계속해서 선수생활을 이어간다면 앞으로 몇 년 동안은 그럭저럭 성적을 내겠지만, 명예로운 은퇴는 어려울 것이 분명했습니다.

오랫동안 고민하던 그는 박수 칠 때 떠나기로 마음먹습니다. 사람들은 그를 최고의 자리에서 아름답게 은퇴한 선수로 기억했습니다. 그리고 그는 지도자라는 이름으로 새로운 인생을 살아갑니다.

마흔에는 아쉬운 것투성이이지만, 때론 이보다 더 좋을 수 없을 만큼 만족스러운 일도 있습니다. 일의 성패를 단계별로 나눈다면 최상의 부근에 다다른 경우입니다. 이제는 그 순간, 암탉의 배를 가르는 어리석은 짓을 하지 않습니다. 황금알을 손에 쥐었다면 되도록 몸을 물리는 것이 상책임을 아는 이유에서입니다. 그리고 명예로운 은퇴는

'끝'이 아닌 새로운 길로 나아가는 '문'이라는 것을 깨닫습니다.

삶에 무게를 더하는 이야기

　모임에는 대부분 회칙이 있고 회장, 부회장, 총무 등 직책이 구분되어 있습니다. 회원 수가 30명쯤 되면 단순한 친목 모임을 넘어서 일종의 세를 이룹니다. 그래서 그중 누군가는 회장, 부회장 같은 감투에 욕심을 내기도 합니다.

　우연한 계기로 한 모임에 가입했습니다. 신입 회원으로서 사람들을 알아가는 재미가 있었습니다. 특히 회장이라는 분은 포용력 있고 사람을 잘 챙겨서 모임 내에서 인망이 두터웠습니다. 모임 활동을 한 지 1년쯤 지나자, 회장의 임기는 2년이고 연임이 안 된다는 회칙을 알게 됐습니다. 그 말은 현재 회장의 임기가 반년도 채 남지 않았다는 의미였습니다.

　그런데 정기 모임을 가진 어느 날, 회장이 안건 하나를 발의했습니다. 바로 '회칙 수정의 건'이었는데, 주요 내용으로는 회장직을 한 번 연임할 수 있다는 것이었습니다. 일부 회원이 반발하고 나섰습니다. 그들은 10여 년을 문제없이 이어온 회칙을 바꾸려는 의도가 회장 본인을 위한 것이라며 항의했습니다. 그렇게 몇 차례 언쟁이 오가자, 그동안 회장이 쌓아온 인망은 한순간에 허공으로 흩어져버렸습니다.

작은 자리조차 일단 앉으면 욕심이 생기는가 봅니다. 하물며 많은 권력을 누릴 수 있는 자리는 말할 것도 없습니다. 일단 자리에 오르는 것은 축하할 일입니다. 하지만 적당한 때에 몸을 물릴 줄 알아야 합니다. 그렇지 않고 욕심을 부리기 시작하면, 아름다운 은퇴는 물 건너간 일이 되고 맙니다.

지금 앉은 자리를 둘러보고 더 높이 올라갈 여지가 있는지를 살핍니다. 그리고 만약 정상에 올랐다는 생각이 든다면 언제든 내려갈 준비를 해야 합니다. 그렇게 내려가는 길에서 새로운 풍경을 보고 새로운 사람을 만나고 새로운 소리를 듣는 겁니다.

맞습니다. 몸을 물리는 것은 끝이 아닌 새로운 길로 나아가는 문입니다.

작은 촛불이 모여 삶을 비춘다
Reading Aesop's Fables at Forty Is No Light Matter

어두운 밤, 밝게 빛나는 등불이 있었다. 등불은 등잔에 가득 채워진 기름에 취해 자기가 대낮의 해보다도 밝다고 으스댔다. 그런데 갑자기 불어온 바람에 등불은 금세 꺼지고 말았다. 사람이 등불에 다시 불을 붙이며 말했다.

"등불아, 그렇게 으스댈 일이 아니다. 네가 아무리 밝아도 밤하늘의 작은 별빛조차 어둡게 만들지 못한단다. 그리고 그 빛도 바람이 불면 쉬이 꺼져버리질 않느냐."

위 이야기 속 등불은 칠흑 같은 밤에 밝게 빛나는 자신이 세상의 중심이라고 여깁니다. 그리고 등잔 속 기름이 영원히 마르지 않을 것처럼 으스대기 시작합니다. 하지만 기름이 동나기도 전에 어디서 불어온 것인지 모를 바람에 속절없이 꺼져버립니다. 바람은 등불의 심지를 휩쓸고 지나가면서 불빛마저 앗아갔습니다.

인생의 찬란한 순간은 영원하지 않습니다. 오히려 한순간 불타오르다가 꺼져버리는 등불과 같이 삽시간에 지나갑니다.

로마의 16대 황제 마르쿠스 아우렐리우스는 《명상록》에서 말합니다. '명성은 한낱 증기에 불과하다.'

황제라는 칭호를 얻고 눈에 보이는 모든 것을 쥐락펴락할 수 있었던 아우렐리우스조차도 부와 명예, 명성 같은 것들은 찰나의 환상에 지나지 않는다고 강조한 것입니다.

그렇다면 빛나는 순간을 영원히 붙잡아 두고 싶은 마음을 어떻게 추슬러야 할까요?

'빛나는 순간'을 화려하고 거창한 그 무언가로 정의하지 않으려는 마음가짐이 필요합니다. 우리는 많은 돈을 벌고, 어려운 시험에 합격하고, 높은 직위에 오르고, 복권에 당첨되는 것과 같은 큰 일을 '빛'으로 여기며 살아갑니다. 그런데 과연 한평생 그러한 빛을 보는 사람이 얼마나 될까요? 정말 소수의 사람만이 누릴 수 있는 행운입니다.

일생에 한 번 켜질까 말까 한 불빛을 바라며 사는 일은 삶을 불행으로 채우는 일입니다. 그러니 우리가 간직해야 할 찬란한 순간은 일상에서 느낄 수 있는 소소한 경험들입니다. 그런 순간은 바람이 불어서 잠시 꺼지더라도 언제든 성냥개비에 불을 붙여 상기시킬 수 있습니다.

마흔에 멈춰 서서 찬란한 순간들이 있었는지 생각해봅니다. 큰 일을 바라며 살아왔지만, 밤하늘의 별빛을 어둡게 만들 정도의 등불은 아직인 듯합니다. 하지만 그 작은 불빛이 모여서 내가 속한 세상을 환하게 비추고 있다는 사실을 깨닫습니다.

이제는 일상에서 행복을 느끼는 순간 작은 촛불 하나를 켭니다. 찬란하진 않지만, 은은한 온기를 전하는 촛불이 늘어갈수록 삶은 아쉬움이 아닌 만족감으로 채워집니다. 바람이 불면 촛불이 꺼지리라는 것을 알기에, 그 순간이 영원하지 않다는 것 또한 잘 알고 있습니다. 그때마다 성냥을 손에 쥐고 다시 불을 살리기 위해 일상을 잘 살아가면 되는 것입니다.

노벨 문학상 수상자인 일본계 영국 소설가 카즈오 이시구로의 대표작 《남아 있는 나날》에는 이런 대사가 나옵니다.

"즐기며 살아야 합니다. 저녁은 하루 중에 가장 좋은 때요. 당신은 하루의 일을 끝냈어요. 이제는 다리를 쭉 뻗고 즐길 수 있어요. 내 생각은 그래요. 아니, 누구를 잡고 물어봐도 그렇게 말할 거요. 하루 중 가장 좋은 때는 저녁이라고."

인생의 화려한 순간이 끝나버렸다고 슬퍼하지 않습니다. 그럴 시간에 하루를 잘 살아낸 자신을 다독이며 평온하게 맞이한 저녁을 즐기기로 합니다. 그렇게 켜기 시작한 작은 촛불들이 모여 내 삶을 그리고 소중한 사람들의 일상을 밝혀줄 테니 말입니다.

삶에 무게를 더하는 이야기

소중한 것을 정말 소중하게 볼 줄 아는 마음이야말로 삶을 행복하게 만듭니다. 때론 익숙하게 흘러가는 일상에 중요한 것을 놓치고 있지는 않은지 살펴야 합니다.

무더운 여름날이었습니다. 야근해야 한다는 아내의 연락을 받았습니다. 그래서 아내 대신 아이를 데리러 학원에 들렀습니다. 그렇게 아이를 만나서 집으로 돌아오는 길이었습니다. 그런데 아이의 표정이 시무룩합니다. 뭔가가 마음에 들지 않은 모양이었습니다. 아이에게 물었습니다.

"딸, 학원에서 무슨 일 있었어?"

"아니, 아무 일도 없었어."

재차 이유를 물으니, 학원을 마치면 엄마와 꼭 하는 일이 있었다는 겁니다. 바로, '아이스크림 사 먹기'였습니다.

집 앞 가게에 들러 아이스크림을 두 개 샀습니다. 그러고는 놀이터 벤치에 앉아 여유롭게 아이스크림을 먹었습니다. 여름날, 그늘에 앉아서 먹는 시원한 아이스크림은 정말 '꿀맛'이었습니다. 기분이 한껏 좋아진 아이가 말했습니다.

"아, 오늘도 완벽한 하루네."

많은 돈, 높은 자리, 명성 같은 것을 바라며 살지 않습니다. 크게 타오른 것은 매몰차게 식기 마련이니, 작은 온기를 머금은 촛불이야말로 삶을 채우는 행복임을 아는 이유에서입니다. 완벽한 하루는 소중한 사람과 시원한 아이스크림을 나눠 먹는 것만으로도 이룰 수 있습니다.

있는 그대로를 사랑할 때 삶은 단단해진다
Reading Aesop's Fables at Forty Is No Light Matter

사슴이 물을 마시기 위해 냇물에 얼굴을 들이밀었다. 목을 축이고 물에 비친 자기 모습을 바라봤는데, 여러 갈래로 뻗은 뿔이 아주 멋져 보였다. 반면 가느다란 다리는 볼품이 없었다.

그때, 사자 한 마리가 사슴을 발견하고 쫓아오기 시작했다. 사슴은 가녀리지만 재빠른 발을 이용해 사자를 따돌릴 수 있었다. 그런데 나무가 우거진 곳에 접어들자, 제멋대로 뻗은 뿔이 나뭇가지에 걸려 제대로 뛸 수 없었다. 결국 사자에게 붙잡힌 사슴은 한탄하며 이렇게 말했다.

"볼품없는 다리 덕분에 사는가 싶었더니, 보기 좋은 뿔 때문에 죽게 되는구나."

✤

사슴의 뿔은 좌우 대칭을 이루며 자라납니다. 성체가 된 수컷 사슴의 뿔은 때론 장인이 빚은 아름다운 조형물에 비견됩니다. 위 이야기의 사슴도 자신의 뿔이 자랑스러웠습니다. 하지만 크고 화려한 뿔에 비해 다리는 얇고 보잘것없었습니다.

그러던 중 사자에 쫓기게 된 사슴은 재빠른 몸놀림으로 위기를 벗어납니다. 그 모든 게 단단하고 탄력 좋은 다리 덕분이었습니다. 그런데 좁은 숲길에서 사슴은 큰 뿔이 나뭇가지에 걸리는 바람에 사자에게 붙잡히고 말았습니다. 그토록 자랑스럽던 뿔이 자기 발목을 잡을 줄은 꿈에도 생각하지 못했습니다.

사람은 저마다 타고난 모습이 있습니다. 자기가 원해서 얻은 얼굴이 아닙니다. 또 자기가 원해서 얻은 몸이 아닙니다. 그저 태어날 때부터 주어진 모습대로 살아갈 뿐입니다. 그래서 때론 거울 속 자신의 모습에 실망하곤 합니다. 하지만 사람은 눈에 보이는 겉모습이 전부가 아닙니다. 풍기는 분위기, 표정, 목소리, 말투, 몸짓 등이 어우러져 온전한 한 사람을 이루는 것입니다.

못난 외모 때문에 일상생활에 어려움을 겪는 여성을 대상으로 한

가지 실험을 했습니다.

  그녀는 앞머리를 길게 늘어뜨리고 대화할 때 시선을 바닥에 두는 습관이 있었습니다. 지금껏 그녀는 연애를 해본 경험이 없었고 매사 주저하는 행동으로 직장생활 또한 그리 오래 하지 못했습니다.

  그런 그녀에게 한 가지 제안을 했습니다. 어떤 남성과 일주일에 한 번씩 만나서 식사하도록 말입니다. 남자는 여자와 식사할 때마다 칭찬을 아끼지 않았습니다. 듣기 좋은 말로 아부하는 것이 아닌, 있는 그대로의 그녀 모습을 칭찬했습니다. '웃는 모습이 선하다', '볼록한 이마와 이목구비가 조화롭다', '말을 차분하고 조리 있게 잘한다', '머릿결이 참 좋다' 등의 말이었습니다.

  그렇게 몇 달이 지나자, 그녀의 모습은 180도 달라졌습니다. 물론 성형을 한 것은 아닙니다. 남자의 칭찬으로 자존감이 높아진 그녀는 눈빛에 생기가 돌고, 전보다 웃음이 많아졌습니다. 타고난 모습에 자연스러움이 깃들자, 그녀는 '아름다운 사람'이 되었습니다.

  칭찬을 먹고 자란 마음은 외모를 아름답게 가꾸는 바탕이 됩니다. 남이 해주는 칭찬도 이러한데 스스로 하는 칭찬은 말할 것도 없습니다. 하지만 대부분의 사람은 자기의 못난 부분에 집착하며 불평하기에 바쁩니다. 그런 습관은 자신의 진짜 아름다움을 바라보지 못하게 만듭니다.

  눈에 보이는 아름다움만이 진짜가 아닙니다. 그런 것들은 오히려 사슴의 뿔처럼 위기에서 벗어나는 데 거추장스러울 뿐입니다. 그러니 자기 삶을 받쳐주는 단단함을 찾는 지혜가 필요합니다.

마흔에는 편견 없이 자기 모습을 둘러봅니다. 그리고 눈에 거슬리는 부분이 있더라도 자신을 넉넉히 칭찬해줍니다. 그렇게 단단해진 마음이 인생에서 마주하는 고난을 이겨낼 힘이 되어줄 것입니다.

삶에 무게를 더하는 이야기

가족이 함께 등산을 갔습니다. 그리 높지 않은 산을 골라 가벼운 마음으로 떠났는데, 어린 딸아이에게는 조금 버거웠나 봅니다. 길게 이어진 계단 길을 오르는 것이 쉽지만은 않았습니다. 한 열 번쯤 "딸, 거의 다 왔어"라고 했을 때, 아이가 저를 보며 볼멘소리했습니다.

"아빠! 난 키도 작고 다리도 짧아서 아빠보다 훨씬 힘들단 말이야."

산 정상에는 삼각형으로 이어진 아찔한 출렁다리가 있었습니다. 경치가 참 좋았습니다. 탁 트인 공간에서 시원하게 부는 바람을 맞고 서 있으니, 마치 구름 위를 나는 듯한 기분이었습니다. 옷깃을 잡아끄는 딸아이 덕분에 발길을 재촉해야 했지만 말입니다.

등산 막바지에 다다라서 독특한 조형물이 눈에 들어왔습니다. 푯말에 '당신의 비만도는 어떻습니까?'라는 글자가 새겨져 있었고 그 옆에는 나무 기둥이 여러 개 서 있었습니다. 기둥 사이의 간격이 단계마다 점점 좁아졌는데 '날씬', '정상', '고도비만', '초고도비만'으로 구분되어 있었습니다.

제가 먼저 호기롭게 '날씬' 구간을 통과하기 위해 발을 들였습니다. 결과는 처참했습니다. 몸의 반도 통과하지 못하고 기둥 사이에 낀 모습이 처량하기까지 했습니다. 딸아이와 아내가 그 모습을 보고 한바탕 웃었습니다. 이내 딸아이가 다부진 표정을 지어 보이며 저에게 나오라고 손짓했습니다. 편안하게 '날씬' 구간을 통과한 아이가 엄마와 아빠를 돌아보며 말했습니다.

"이번엔 작은 내가 일등이네."

잠시 뒤, 숨을 참고 '정상' 구간을 가까스로 통과했습니다.

마흔에는 세월 따라 변하는 자기 모습을 있는 그대로 사랑하고자 노력합니다. 그것이 삶을 단단하게 만드는 방법인 것입니다.

일상이 단단해야 헛된 희망에 속지 않는다
Reading Aesop's Fables at Forty Is No Light Matter

하늘을 날던 배고픈 갈까마귀가 무화과나무를 발견하고 내려앉았다. 하지만 무화과가 설익어서 도저히 먹을 수가 없었다. 갈까마귀는 무화과가 다 익을 때까지 나무에 앉은 채로 기다리기로 했다.

마침, 길을 지나던 여우가 한가로이 앉아 있는 갈까마귀를 보고 그 행동의 이유를 물었다. 갈까마귀의 설명을 들은 여우가 말했다.

"갈까마귀야, 일찌감치 포기하는 게 좋을 거야. '희망'은 너를 속일 줄은 알아도 먹여 살릴 줄은 모르거든."

모든 열매가 그렇듯 무화과도 일정 기간 햇볕을 쬐고 양분을 얻어야 무르익습니다. 그러니 오늘의 떫은맛이 하룻밤 새 달콤함으로 변할 리가 없습니다. 어쩌면 그날 밤 거센 비바람이 몰아쳐 열매가 모두 떨어져 버릴지도 모릅니다. 그런데도 갈까마귀는 배고픔을 참으며 무화과나무에 앉아 아름다운 환상을 품습니다. 기약 없는 미래를 기다리는 그 모습에 여우가 '헛된 희망에 속아 넘어가지 말라'는 일갈을 날립니다.

희망은 사람을 꿈꾸게 합니다. 좋은 쪽으로 말이죠. 대개 사람은 상황이 어려울수록 실낱같은 희망을 붙잡고 인생 역전을 꿈꿉니다. 하지만 뜻대로 흘러가지 않는 현실에 억지를 부리기 시작합니다. 그런 사람은 가진 것조차 제대로 돌보지 못하고 불길 속으로 뛰어드는 어리석은 자입니다.

도박으로 전 재산을 날린 사람 중에는 언젠가 도박으로 재기하리라는 꿈을 꾸는 이가 많습니다. 헛된 희망이 그들을 유혹한 걸까요? 아닙니다. 스스로 만든 환상이 티끌 같은 희망을 '반드시 일어날 미래'로 믿게 만든 것입니다.

무모한 일을 기대하며 살아가는 사람은 일상이 단단하지 못합니다. 그렇게 생긴 틈으로 돈이 새어 나가고 주변 사람들의 진심 어린 조언을 흘려보냅니다. 그리고 언제 익을지 모를 열매를 기다리며 '그래, 인생은 한 방이야' 하며 헛된 꿈을 꾸는 것입니다.

　반면, 자기 능력을 알고 지금 할 수 있는 일에 최선을 다하는 사람은 일확천금을 바라지 않습니다. 천 리 길도 한 걸음부터 시작됨을 알기에, 큰 일을 이루기 위해서는 하루를 잘 살아내야 한다는 것을 아는 이유에서입니다.

　마흔에는 때때로 헛된 희망의 끈을 잡기 위해 시간을 허비합니다. 일상이 단단하지 못한 탓입니다. 만약 지금 익지 않은 무화과를 손에 들고 달콤한 과즙을 탐내고 있다면, 불안한 일상을 먼저 돌봐야 합니다.

　하루아침에 떼돈을 벌고, 명성을 얻고, 높은 직위에 올라서기 위해 아등바등하다가는 능력 밖의 것을 탐하게 되는 겁니다. 이제는 천천히 걸으며 일상을 다져나갑니다. 하루아침에 저 멀리 보이는 결승점에 도달할 수 없다는 사실을 자주 되새기면서 말입니다. 그렇게 헛된 희망에 속지 않고 묵묵히 걸어가는 것이 결승점에 도달하는 유일한 방법입니다.

삶에 무게를 더하는 이야기

　지금도 그렇지만 한때 '공동구매'를 진행하는 사람이 많았습니다. 좋은 제품을 저렴한 가격에 살 수 있으니, 인기를 끌 수밖에 없었습니다. 공동구매 상품은 주로 화장품이나 생활용품이 많았는데, 가전제품을 취급하는 한 개인의 블로그를 보게 되었습니다. 마침, 세탁이 어려운 옷을 관리할 가전을 알아보고 있었던 터라 잠시 블로그를 훑어봤습니다.

말 그대로 파격적이었습니다. 일반 매장에서 백만 원이 넘는 제품을 절반의 가격으로 살 수 있다고 홍보하고 있었습니다. 혹했습니다. 헛된 희망이 유혹의 손길을 내미는 순간이었습니다.

생각이 생각에 꼬리를 물기 시작하자, 판단력이 흐려지기 시작했습니다. 그렇게 약해진 마음은 결제만 하면 당장 내일이라도 물품을 받을 수 있다는 확신을 갖게 했습니다. 개인이 진행하는 공동구매라서 현금으로만 결제가 가능하다고 했습니다. 그렇게 유혹의 손길을 뿌리치지 못하고, 아니 제 손을 뻗어 덥석 잡고는 수십만 원을 이체했습니다. 더군다나 구매를 진행하는 주선자의 이력란에는 책을 집필하고 관련 업종에 종사했다고 적혀 있었습니다. 의심의 여지가 없었습니다.

그렇게 한 주가 지났을 무렵, 블로그 게시판의 분위기가 심상치 않았습니다. 주선자가 물품을 보내주기로 한 기한을 계속해서 미루자, 수십 명의 구매자들이 항의성 댓글을 달기 시작한 것입니다.

한 달이 지나도 물품은 오지 않았고 결국 전형적인 공동구매 사기로 밝혀졌습니다. 하루에도 블로그를 수십 번 드나들며 알게 된 사실은 그 주선자라는 사람이 이전에도 같은 수법으로 사기를 친 전과가 있다는 점이었습니다.

돈을 돌려받을 뚜렷한 방도가 없어서 아내에게 이실직고했습니다. 다행히 아내는 "인생 수업 한번 받은 셈 쳐라" 하고는 "세상에 싸고 좋은 건 없다" 하는 뒷말을 남겼습니다.

헛된 희망은 사람을 꿈꾸게 합니다. 자기가 믿는 좋은 방향으로 말입니다. 이제 마음을 흔드는 혹하는 것을 만나면, 그것이 진짜 희망인지 아닌지를 다시 한번 살피기로 합니다.

실력 없는 사람의 마음에
자만심이 싹튼다

Reading Aesop's Fables at Forty Is No Light Matter

실력이 보잘것없는 현악기 연주자가 있었다. 하루는 그가 텅 빈 방에서 연주하며 노래를 부르고 있었다. 소리가 벽에 부딪혀 공명음을 내자, 그의 연주와 노랫소리는 그 어느 때보다 아름답게 들렸다.

매일 방에서 연습하던 그는 자기 실력이 뛰어나다고 믿게 되었고, 마침내 큰 공연장에 서기로 마음먹었다. 하지만 막상 무대에 서자, 그의 형편없는 실력에 관중은 야유를 보내며 자리를 떠났다. 그의 실력은 텅 빈 방이 만들어준 허구였다.

이야기 속 연주자는 넉넉한 울림을 주는 방 덕분에 그 어느 때보다 아름다운 소리를 낼 수 있었습니다. 몇 날 며칠 아름다운 소리에 도취한 그는 서서히 자만에 빠집니다. 그 소리가 오롯이 자기 재능에서 비롯되었다고 착각하면서 말입니다. 결국 그는 자기 실력을 객관적으로 파악하지 못하고 분에 넘치는 무대에 올랐다가 망신을 당합니다.

자만하는 자는 반드시 낭패를 보게 됩니다. 자신이 이룬 성과에 도취해 자만하기 시작하면 하루아침에 날개가 꺾여 추락하고 맙니다. 그러니 자만에 빠지지 않기 위해서는 자신을 객관적으로 바라보는 연습이 필요합니다.

네덜란드의 합리주의 철학자 바뤼흐 스피노자는 말했습니다.

"자만은 스스로를 정당화함으로써 얻어지는 기쁨이다."

그 역시 자만하는 자는 스스로를 정당화하는 어리석은 사람임을 꼬집은 것입니다. 자기 자신을 제대로 보지 못하고 정당화하기 시작하면 '자기 위에 사람 없다'라고 여기게 되는 것입니다. 그렇게 얻은 기쁨은 오래갈 수 없습니다. 하잘것없는 실력은 조금만 큰 무대에 서게 되면 금세 들통나기 때문입니다.

마음에 움튼 자만의 싹을 잘라내기 위해서는 항상 겸손해야 합니다. 겸손한 사람은 자신을 내세우지 않습니다. 조금만 고개를 돌려도 자기보다 뛰어난 누군가가 있으리라는 사실을 잘 아는 이유에서입니다. 겸손은 자신을 바라보는 마음의 눈을 뜨게 하고, 나아가 부족한 실력을 갈고닦는 진중함을 선물합니다.

돌담을 쌓는다고 가정해봅시다. 요즘은 돌 사이사이에 시멘트를 이겨 넣어 빠르게 담장을 쌓습니다. 아니, '담을 쌓는다'기보다 여느 건설공사처럼 담을 만들어냅니다. 시간을 절약할 수 있으니 대부분 이 방식을 따릅니다. 하지만 그렇게 쌓은 담장은 틈이 많아서 폭우라도 쏟아지면 보수해야 하는 일이 잦습니다. 반면 작은 돌을 쌓고 그사이에 진흙을 바르는 전통적인 방식은 시간은 오래 걸리지만 빈틈없이 견고합니다.

시멘트로 만든 돌담은 자기 실력에 도취한 자의 모습을 닮았습니다. 겉보기에는 화려하지만, 풍랑을 견디지 못하고 속절없이 무너지는 것이 말입니다. 반면 작은 돌을 촘촘하게 쌓아 올린 돌담은 내면이 단단한 사람의 전형입니다. 즉, 자만하지 않고 겸손합니다.

마흔은 보고 듣는 것이 많은 만큼 자만에 빠지기 쉽습니다. 그럴수록 마음에 '겸손'이라는 두 글자를 새기고 자신을 객관적으로 바라보기 위해 노력합니다. 그렇게 작은 돌 사이사이에 진흙을 이겨 넣는 마음으로 인생의 돌담을 쌓아갑니다.

삶에 무게를 더하는 이야기

대부분의 직장인은 컴퓨터 프로그램을 활용해서 일을 합니다. 그래서 업무 관련 프로그램을 잘 다룰수록 '유능한 직원'이라고 평가받습니다. 그런데 매년 새로운 프로그램이 쏟아져 나오니, 웬만큼 부지런하지 않고서야 그 모두를 익히기가 쉽지 않습니다.

제 또래의 직장인들은 대부분 기본적인 컴퓨터 프로그램의 사용법 정도는 알고 있습니다. 하루는 '엑셀'이라는 프로그램을 사용해서 통계자료를 정리해야 했습니다. 몇 가지 기능, '더하기', '빼기', '나누기'와 같은 단순한 계산식을 사용해서 그럴싸한 도표를 만들었습니다. 그런데 기본 수치가 바뀌는 바람에 몇 번이나 도표를 수정해야 했습니다. 몇 시간 뒤, 마침내 완성된 자료를 팀장님께 전송해 드렸습니다.

다음 날, 통계자료의 수치가 또 한 번 수정됐다는 업무 메일을 받았습니다. 혼란한 마음을 가라앉히고 팀장님께 사정을 보고드렸습니다. 그러자 팀장님께서는 자신이 보내주는 파일을 활용하라고 했습니다.

자리로 돌아와 팀장님이 보내주신 파일을 열어서 숫자를 수정했습니다. 그런데 놀랍게도 관련된 모든 수치가 자동으로 바뀌는 게 아닌가요. 그렇습니다. 팀장님은 엑셀 프로그램의 고수였습니다. 은연중에 팀장님과의 나이 차이만큼 프로그램을 다루는 능력에 차이가 있을 것이라는 착각에 빠져 있었습니다. 물론 저의 실력이 위라는 착각 말입니다.

도표에 넣을 특별한 글자체를 고르고 화려한 배경색을 입히는 것은 중요하지 않습니다. 프로그램의 기능을 제대로 익혀서 업무의 효율을 높이는 것이 진짜 능력입니다.

마흔에는 모니터에 떠 있는 그럴싸한 도표 하나로도 자만에 빠질 수 있음을 깨닫습니다. 그렇게 현실을 자각하고 배움을 게을리하지 않습니다.

시련은 고통을 줄이는 밑거름이다
Reading Aesop's Fables at Forty Is No Light Matter

한 부자가 많은 돈을 들여 으리으리한 집을 지었다. 부자가 집을 짓고 산 지 몇 년 지나지 않아 옆집에 가죽장이가 이사를 오게 됐다. 그런데 짐승의 사체에서 가죽을 벗겨내고 손질하는 과정은 고약한 냄새를 동반했다.

역겨운 냄새를 참지 못한 부자는 하루가 멀다고 가죽장이를 찾아가 항의했다. 하지만 가죽장이는 면전에서만 마을을 떠나겠다고 말할 뿐 전혀 그럴 생각이 없었다. 그렇게 몇 년의 세월이 흐르자, 부자는 냄새에 적응하게 됐고 더 이상 가죽장이를 찾아가지 않았다.

❦

위 이야기 속 부자는 많은 돈을 들여 아늑한 보금자리를 마련했습니다. 집 안팎으로 자신의 손길이 닿지 않은 곳이 없을 정도였습니다. 그런데 어느 날, 부자에게 날벼락 같은 일이 벌어집니다.

옆집에 이사를 온 가죽장이는 시끄러운 것은 둘째 치고 참을 수 없는 악취를 풍겨댔습니다. 새집에서의 안락한 노년을 꿈꿨던 부자는 매일같이 가죽장이를 찾아가 마을을 떠나라고 소리를 지릅니다. 그런데 몇 년이 지나자, 부자는 가죽장이에게 소리 지르는 일을 그만둡니다. 악취에 적응한 부자의 코가 상황을 해결한 것입니다.

인간의 적응력은 상상을 초월합니다. 도저히 견딜 수 없는 환경에서도 스스로 살 방도를 찾아 몸을 적응시킵니다. 히말라야산맥에 사는 셰르파족은 해발 4,000미터 높이에서도 무리 없이 활동합니다. 일반인이 높은 산지에서 흔히 겪는 '고산병'을 앓지 않는 것입니다. 이들은 체내의 산소를 순환시키는 능력이 뛰어나서 일반 사람들보다 수월하게 높은 산맥을 활보할 수 있습니다. 이런 극한의 상황이 아니더라도 일상에서 겪는 불편함은 쉽게 적응이 가능한 경우가 대부분입니다.

그럼, '인간의 적응력'을 이해하고 그 효용성을 삶에 적용할 수 있다면 우리가 겪는 고통의 크기를 줄일 수 있지 않을까요?

먼저, 고통에 노출되는 것을 두려워하거나 불안해하지 않아도 된다는 점을 깨달아야 합니다. 생명을 위협하는 상황이 아니라면 우리의 타고난 적응력이 고통의 크기를 줄이기 위해 고군분투할 것이기 때문입니다. '매도 맞아본 놈이 낫다'라는 말이 괜히 있는 게 아닙니다. 어떤 각도로, 어떤 타이밍에 힘을 줘야 덜 아픈지 적응을 통해 깨닫는 것입니다.

이와 관련된 '고통의 예측 가능성 실험(Pain Predictability Experiment)'이 있습니다.

실험 참가자를 두 그룹으로 나눈 뒤, 약한 전기 충격을 반복적으로 가합니다. 이때 첫 번째 그룹에는 전기 충격을 주기 전에 경고음을 들려줘서 고통의 시기를 예측할 수 있게 했고, 두 번째 그룹에는 무작위로 전기 충격을 가했습니다. 실험 결과, 전기 충격의 시기를 예측할 수 있었던 첫 번째 그룹이 두 번째 그룹보다 주관적인 고통의 크기가 훨씬 덜했습니다.

이처럼 고통에 노출되어 언제, 어디서, 어떤 강도의 아픔이 찾아들지 예측할 수 있다면 일상의 불안감과 스트레스를 줄일 수 있습니다. 그러니 불현듯 찾아든 시련에 불안해하지 마십시오. 오히려 그 고난은 앞으로 겪게 될 더 큰 고통을 이겨내기 위한 적응의 과정입니다.

마흔에는 가진 것이 많아지는 만큼 잃는 것에 대한 두려움이 커지는 시기입니다. 그래서 작은 일에도 몸을 사리게 됩니다. 삶에서 겪는 시련을 성장의 밑거름으로 쓰기보다 에둘러 가기를 선택하는 것입니다.

이제는 시련 앞에서 자신의 적응력을 믿어보기로 합니다. 아무리 지독한 냄새가 나더라도 시간이 지나면 무취(無臭)의 편안함을 느낄 수 있다는 것을 압니다. 또 직장에서 실수하더라도 자기 책임을 다하기 위해 노력한다면, 그 일은 온전히 내 것이 된다는 사실을 압니다. 하다못해 출근길이 막히면 핸들을 틀어 못 가본 길에 들어서기로 마음먹습니다.

시련을 맞닥뜨려도 괜찮습니다. 그럴수록 내 안에 잠재된 '적응력'이 힘을 얻어 앞으로 겪게 될 고통의 크기를 줄여줄 테니 말입니다.

삶에 무게를 더하는 이야기

어린 시절과 비교해서 요즘의 날씨는 예측할 수 없을 정도입니다. 더 이상 일기예보를 보는 것이 무의미합니다. 일기'예보'는 현재 날씨를 '중계'하는 정도의 의미가 있다고 보는 게 맞습니다.

한겨울입니다. 올여름의 지독한 폭염을 생각하면 겨울은 따뜻할 법도 한데 유례없는 추위에 손끝이 아려옵니다. 아이와 함께 도서관에 들렀습니다. 반납할 책과 아이의 털모자, 목도리를 챙기느라 손이 부족해서 장갑을 차에 놓고 내렸습니다. 역시나 손끝이 아려옵니다.

도서관은 언제 들러도 읽고 싶은 책이 넘칩니다. 아이도 그런지 매번 대출한도를 넉넉히 채워 책을 빌리곤 합니다. 그런데 그날은 웬일인지 아이가 책을 한 권만 빌리는 게 아닌가요. 그렇게 책을 빌리고 도서관을 나서는 데 아이가 아빠를 불러세웁니다. 그리고 남는 한 손을 뻗어 아빠의 손을 잡습니다.

"아빠, 사람 체온이 웬만한 난로보다 따뜻하대. 아빠 장갑 놓고 왔지? 특별히 내 손난로 잡아."

인간의 적응력은 참으로 놀랍습니다. 추운 겨울날 자신의 체온을 나눠 고통의 크기를 줄이는 것을 보면 말입니다. 그렇게 나누는 온기에는 '사랑'이라는 마음도 함께 전해집니다. 인생의 시련은 고통을 줄이는 밑거름이자 소중한 사람을 되새길 기회인 것입니다.

진짜 위기는 싸움을 멈춰야 보이는 법이다

Reading Aesop's Fables at Forty Is No Light Matter

햇볕이 강하게 내리쬐는 어느 날이었다. 목마른 사자와 멧돼지가 이리저리 헤매다가 작은 연못 앞에서 마주쳤다. 가뭄 탓에 연못에는 물이 많지 않았다. 사자와 멧돼지는 서로 자기가 먼저 물을 마시겠다며 다투기 시작했다.

싸움은 점점 더 격렬해졌다. 한참 힘겨루기 하던 사자와 멧돼지는 잠시 숨을 고르기 위해 연못 주변을 빙글빙글 돌았다. 그런데 한 무리의 까마귀 떼가 둘의 시야에 들어오는 것이 아닌가. 사자와 멧돼지가 쓰러지기를 기다리는 사체 청소부였다. 그제야 둘은 싸움을 멈추고 화해했다.

"우리가 싸워서 끝을 보는 것은 까마귀의 배만 불리는 일이겠군. 그만 싸우고 물을 나눠 마시게나."

⚜

위 이야기 속 사자와 멧돼지는 연못을 독차지하기 위해 혈안이었습니다. 몸집이 거대한 상대와 물을 나눠 마셨다가는 목도 축이지 못할 것만 같았습니다. 그렇게 치열한 싸움이 시작되었고, 서로를 노려보느라 주위를 살피지 못했습니다. 점점 힘이 빠져가는 둘의 주위로 까마귀들이 모여들었습니다. 까마귀들에게는 싸움 구경에 더해 큼지막한 고깃덩이를 얻을 수 있는 절호의 기회였던 것입니다. 가까스로 정신을 차린 사자와 멧돼지는 싸움을 멈추고 물을 나눠 마십니다.

이와 같이 눈앞의 소모전에 매달리다가 '진짜 위기'에 대비하지 못하고 큰 피해를 당한 역사적 사례가 있습니다.

16세기, 세계 최강의 해군을 자랑하던 스페인 무적함대가 영국을 공격하기 위해 출항했습니다. 수백 척의 함선이 일사불란하게 작전을 수행해야 하는 해상전투는 유기적인 연대가 필수입니다. 하지만 '무적'이라는 칭호가 붙은 것과는 달리 스페인 함대 내에는 출신지가 다른 제독들 간의 다툼이 끊이지 않았습니다. 결국 내부 갈등에 힘을 뺀 스페인 함대는 영국 함대와 맞붙어 대패하고 맙니다. 이때를 기점으로 세계 해상의 패권은 스페인에서 영국으로 넘어가게 됩니다.

역사적으로 봐도 한 나라가 멸망하는 과정은 적의 침공 이전에 '내부 갈등의 심화'가 먼저입니다. 서로의 지지자가 되어도 모자란 순간에 불필요한 소모전을 벌이고 있으니, 까마귀 떼가 꼬일 수밖에 없는 것입니다.

만약, 지금 날을 세워 노려보는 누군가가 있다면 그와 내가 딛고 선 곳이 한배인지를 살펴야 합니다. 너울이 일 때마다 같은 쪽으로 몸이 기우는지, 뱃머리의 방향이 같은지를 말입니다. 그리고 그와 한배를 탔다는 확신이 든다면 당장 싸움을 멈춰야 합니다. 서로를 향해 휘두르는 칼날에 어지럽게 찢긴 돛으로는 아무 곳에도 이를 수 없습니다. 그렇게 망망대해에 멈춰 선 채로 할 수 있는 것이라고는 까마귀의 밥이 되기를 기다리는 일뿐입니다.

어렸을 땐 나이를 먹을수록 사람을 이해하는 마음의 폭이 넓어지리라 생각했습니다. 그런데 막상 마흔이 되어보니 마음에는 '폭'이라고 부르기도 민망할 정도의 작은 공간만 남았습니다. 내 것을 지키기 위해, 또는 가족을 위한다는 명목으로 다툼을 피하지 않습니다. 때론 한배를 탄 사람과도 주먹다짐을 서슴지 않습니다.

이제는 무의미한 소모전을 그만두기로 합니다. 일상에서 관계 맺는 인연들은 작정하고 달려드는 사기꾼이 아닌 한 내 편으로 보는 것이 맞습니다. 그렇게 다툼을 줄이고 진짜 위험을 알아차리기 위해 노력합니다.

삶에 무게를 더하는 이야기

출근길에는 차를 바쁘게 몰지 않습니다. 사무실에 도달하는 시간을 조금이라도 늘려보겠다는 얕은수입니다. 하지만 퇴근길은 다릅니다. 잠시라도 막히는 구간을 만나면 답답함이 이루 말할 수 없을 정도입니다.

그날도 퇴근길을 재촉하고 있었습니다. 그런데 평소 막히는 구간이 아닌 곳에서 차들이 멈춰 서는 것이었습니다. 도로의 한 차선을 막고 공사를 하고 있었는데, 마땅한 안내표시도 없이 신호수 한 명만 덩그러니 배치되어 있었습니다. 도로 상황은 점점 더 나빠졌습니다. 차선이 합쳐지면서 차들이 뒤엉키고 심지어 역주행하는 차들도 있었습니다. 그런데 그때 한 차와 접촉 사고가 났습니다.

답답한 가슴은 뜨거운 가슴으로 변했습니다. 상대편 차주와 실랑이하며 각자 보험사에 연락했습니다. 보험사 직원이 도착할 때까지도 서로의 잘잘못을 따지느라 핏대를 세우고 있었습니다. 그런데 그런 저희를 보며 보험사 직원이 말했습니다.

"보아하니 과실 비율이 비슷하게 나올 것 같은데요. 지금 두 분이 싸우실 게 아니라 여기 현장 시공사 쪽 보험도 알아보세요."

그랬습니다. 공사 현장관리가 제대로 되지 않은 문제점은 시공사에 따질 문제였습니다. 그렇게 싸움을 멈추고 서로 힘을 모아 현장의 문제점을 요목조목 확인했습니다. 다행히 시공사 쪽 보험에서도 일부 보상을 받을 수 있었습니다.

지금 벌어지는 싸움을 한 발짝 떨어져 바라보세요. 그리고 냉정하게 판단해보는 겁니다. 다투는 상대가 '진짜 적'이 맞는지를. 그렇게 마음을 추스르고 주위에 몰려드는 더 큰 위험을 살펴야 합니다.

이제는 목숨이 경각에 달린 일이 아닌 한 싸움을 멈추고, 누구와도 힘을 합칠 준비를 합니다. 그것이 바로 인생의 위기를 대비하는 현명한 자세입니다.

정신이 아름다운 사람

Reading Aesop's Fables at Forty Is No Light Matter

 여우와 표범이 서로 자기가 더 아름답다며 뽐내고 있었다. 표범은 우아한 걸음으로 여우 주위를 돌면서 몸의 무늬를 과시했다.

"내 몸의 무늬를 보렴. 단조로운 너의 털보다 훨씬 다채롭고 아름답지 않니?"

그러자 여우가 어림없는 소리라는 듯 콧방귀를 뀌며 말했다.

"그래, 인정하지. 하지만 난 너보다 정신이 아름답고 다채롭단다. 그러니 나의 아름다움이 너의 아름다움보다 더 고결하다고 봐야 하지 않겠니?"

표범은 자신의 현란한 무늬가 자랑스러웠습니다. 그래서 단색의 여우를 보며 자기가 훨씬 아름답다고 자신합니다. 하지만 그런 표범의 거들먹거림은 여우에게 아무런 타격을 주지 못합니다. 여우는 그동안 넓은 세상을 보고 다양한 이치를 깨달은 자신의 정신세계가 표범보다 다채롭다고 생각했습니다. 아마도 여우의 말을 들은 표범의 표정은 전의를 상실한 병사와도 같았을 겁니다.

한 사람이 다른 사람의 가치를 평가할 수는 없지만, '함께하고 싶은 사람'인지는 넉넉하게 판단할 수 있습니다. '공연히 자랑하며 남을 깔보는 사람', '자기 기분에 따라 상대를 대하는 사람', '약속을 아무렇지 않게 어기는 사람', '말과 행동이 다른 사람', '자기에겐 관대하고 남에겐 엄격한 사람'은 이야기 속 표범처럼 정신이 다채롭지 못한 사람입니다.

이처럼 삶에서 정작 중요한 것은 아름다운 무늬가 아닌 깊이 있고 아름다운 정신입니다. 그렇다면 정신을 아름답게 가꾸기 위해선 어떻게 해야 할까요?

다양한 경험이 우리의 정신을 살찌웁니다. 선종(禪宗) 불교에서 강조하는 단번에 모르는 것을 깨닫는 '돈오(頓悟)'의 이치는 아무에게나 주어지는 묘술이 아닙니다. 그러니 인생의 심오한 이치를 깨닫기 위해서는 먼저 많은 것을 눈에 담고 갈무리하는 과정이 필요합니다.

프랑스의 소설가 마르셀 프루스트는 "여행은 우리가 사는 곳을 바꾸지 않고, 우리 자신을 바꾼다"라고 말했습니다. 여행을 통해 보고 듣고 느끼는 모든 것이 정신을 다채롭게 가꾸는 밑거름이 된다는 뜻입니다. 그렇게 깨달은 것들은 단순한 지식에 머무르지 않습니다. 우리의 정신을 채우고 사람됨을 이루어 고결한 기품이 되는 것입니다.

지금껏 정신을 가꾸기 위해 얼마나 노력했는지 자신을 되돌아봅니다.

'내가 보고 싶은 것만 보며 살아오진 않았는가?'

'지금, 손에 쥔 하잘것없는 것을 남에게 자랑하고 있지는 않은가?'

'이제껏 생각의 폭을 넓히려고 노력했는가?'

'나에게 풍기는 기운은 과연 정신의 아름다움에서 비롯되는가?'

하나씩 자문해보며 현란한 무늬를 갖기 위해 애쓰는 삶에서 벗어나고자 마음먹습니다. 정신이 아름다운 사람이야말로 진정 아름다운 사람이라는 것을 아는 이유에서입니다. 그리고 그 시작은 세상을 더 알아가기 위해 보고, 듣고, 느끼는 것을 멈추지 않는 마음가짐입니다.

정신이 다채로운 사람은 '세상 만물은 상대성에 의해 존재한다'라는 사실을 알고 있습니다. 춘추 시대의 사상가 노자 또한 "있음은 없음이 있기에 존재하고, 긴 것은 짧은 것이 있기에 존재하며, 아름다운 것은 추한 것이 있기에 존재한다"라고 말하며 세상에 정답이란 없음을 강조합니다. 즉, 정신이 아름다운 사람은 '자기가 본 것만이 진리'라는 편견에서 벗어나 자연 만물을 있는 그대로 인정합니다.

마흔에는 정신의 아름다움을 추구하며 살아갑니다. 아직 보지 못한 것이, 듣지 못한 것이, 느끼지 못한 것이 많다는 사실을 인정하고 하나씩 경험하면서 말입니다. 그렇게 허울을 벗어던지고 진정한 아름다움을 찾아갑니다.

삶에 무게를 더하는 이야기

생텍쥐페리의 《어린 왕자》에 이런 말이 나옵니다.

"가장 아름다운 것은 눈에 보이는 것이 아니라, 마음으로 느끼는 것이다."

어린아이는 세상을 순수한 눈으로 바라봅니다. 그리고 그 맑은 시선이 향하는 곳은 외면이 아닌 내면의 아름다움입니다. 아이가 학습지를 시작했습니다. 일주일에 한 번씩 선생님이 집으로 방문해서 아이를 지도해주는 방식이었습니다. 아이는 퇴근이 늦는 아빠에게 매번 자기가 어떻게 공부하는지 자세히 설명해주었습니다.

"아빠, 나 오늘도 선생님이 칭찬해주셨어. 우리 선생님 얼마나 예쁘신 줄 알아?"

그렇게 한 달쯤 지났을 무렵, 아이의 학습지 선생님이 방문하는 날이었습니다. 퇴근을 조금 빨리 하게 되어서 수업 중인 선생님을 뵐 수 있었습니다. 그런데 선생님께 인사를 드리면서 조금 놀랐습니다. 옷는 선생님의 얼굴 한쪽이 부자연스러웠기 때문입니다. 그렇게 수업이 끝나고 선생님이 돌아가신 후, 여전히 아이는 선생님에 관한 이야기를 했습니다. 그때 아내가 조용히 다가와 저에게 이런 말을 해주었습니다.

"여보, 선생님 보고 좀 당황했지? 학습지 신청하고 선생님 두 분이 오셔서 사전 수업을 했었어. 아이가 그중에서 더 마음이 가는 선생님을 고를 수 있게 해줬는데, 지금 선생님이랑 하고 싶다고 했거든. 나도 지금 선생님이 온화하고 차분해서 더 마음이 갔어. 그런데 선생님 한쪽 얼굴이 조금 불편하신 거 같더라고. 다행히 아이에겐 그런 면이 중요하지 않았나 봐."

새삼 아이가 존경스럽기까지 했습니다. 사람의 '진짜 아름다움'을 알아보는 그 순수한 마음을 닮고 싶었습니다.

지금껏 겉으로 보이는 것만을 진짜라고 여기며 살아온 것은 아닌지 스스로 되돌아봅니다. 진정한 아름다움은 눈으로 보는 것이 아니라 마음으로 느끼는 것임을 깨닫습니다.

IV

다시 일어나 걷는 길, 다짐

'잘 되돌아오는 것'의 의미
Reading Aesop's Fables at Forty Is No Light Matter

배고픈 여우가 먹이를 찾아다니다가 참나무에 난 구멍을 발견했다. 구멍 안을 살펴보니 빵과 고기가 있었다. 아마도 인근에서 양을 치는 목자가 음식을 숨겨둔 모양이었다. 여우는 잠시의 고민도 없이 좁은 구멍에 몸을 비집고 들어가 빵과 고기를 먹어 치웠다. 그런데 배가 부른 여우는 구멍에 몸이 끼어 밖으로 나올 수가 없었다. 구멍을 빠져나오려고 아등바등하는 여우를 본 다른 여우가 한마디 조언을 건넸다.

"얘, 네가 구멍을 들어갔을 때의 모습을 떠올려보렴. 다시 배가 고파지면 밖으로 나올 수 있을 거란다."

이야기 속 여우는 아무런 대책 없이 좁은 구멍에 들어갔습니다. 오로지 빵과 고기를 먹겠다는 일념으로 앞뒤 가리지 않고 뛰어든 것입니다. 그렇게 기분 좋은 식사를 마친 여우는 잠시 뒤 절망에 빠집니다. 볼록 나온 배로는 구멍을 빠져나올 수 없었기 때문입니다. 뒤를 생각하지 않은 성급함이 결국 다시 배를 곯게 만든 것입니다.

때론 아무런 대책 없이 일을 벌이는 경우가 있습니다. 들어가는 입구가 좁았다면 나올 궁리를 해보는 게 맞습니다. 하지만 배가 고픈 나머지 빵과 고기에 눈이 멀어 뒤를 돌아보지 못하는 것입니다. 이렇듯 손에 쥔 기쁨을 온전하게 누리기 위해서는 안전한 '출구 전략'을 마련해놓아야 합니다.

'출구 전략'이라는 말은 원래 군사 용어에서 유래했는데, 전투가 끝난 후 아군의 병력과 물자를 안전하게 철수시키는 계획을 뜻합니다. 전쟁에서 퇴로를 확보하는 것은 승패를 떠나 아군의 전력을 보존하는 데 중요한 요소입니다. 뚜렷한 출구 전략 없이 전쟁을 치렀다가는 막대한 피해를 감수해야만 합니다.

나폴레옹은 러시아를 공격하기 위해 60만 대군을 이끌고 원정을 떠나 모스크바를 점령했습니다. 하지만 극심한 추위로 인해 보급이 원활하지 않자, 결국 전쟁을 포기하고 후퇴를 선언합니다. 그리고 당초 원정길을 따라 본국으로 되돌아갈 계획을 세웁니다.

그런데 격렬한 전투가 벌어졌던 원정길은 이미 초토화된 상태로, 그 어떤 식량과 물자도 구할 수 없는 황무지였습니다. 결국 나폴레옹의 군대는 뚜렷한 출구 전략 없이 퇴각하는 과정에서 병력의 8할이 넘는 50만 명을 잃고 맙니다.

인생은 뜻대로 흘러가지 않습니다. 그러니 성공을 확신하며 앞만 보고 내달려서는 안 됩니다. 출발점으로부터 너무 멀리 왔다면 꼭 한 번은 되돌아갈 길을 살펴봐야 합니다. 성장곡선은 항상 위를 향하지 않기에, 안전한 출구를 확보해놓아야 지금 이룬 것을 온전히 내 것으로 만들 수 있습니다.

마흔에는 때때로 멈춰 서서 지나온 길을 되돌아봅니다. 그리고 그 길이 여전히 안전한지, 또 헤매지 않고 수월하게 나갈 수 있는지를 따져보며 눈에 잘 익혀둡니다. 만약 비가 내려 지반이 약해졌다면 우회하는 길을 찾아야 합니다. 또 산사태로 길이 막혀버렸다면 뱃길을 이용해야 할지도 모릅니다. 그렇게 언제 불어닥칠지 모를 인생의 풍파에 대비해 출구를 마련해두는 것입니다.

톨스토이의 단편소설 〈사람에게는 얼마만큼의 땅이 필요한가〉의 주인공 파홈은 '출구 전략' 없이 욕심을 부리다가 결국 죽음을 맞이합니다.

파홈은 바쉬키르족의 족장으로부터 '해가 뜨는 순간부터 해가 질 때까지 걸어서 밟는 모든 땅을 가질 수 있다. 단, 해가 지기 전까지 출발 지점으로 반드시 되돌아와야 한다'라는 제안을 받습니다. 파홈은 걷고 또 걸었습니다. 하지만 그는 지나친 욕심을 부리다가 되돌아가야 할 때를 놓치고 맙니다. 결국 그는 온 힘을 다해 가까스로 되돌아왔지만, 너무 무리한 나머지 심장이 터져 죽고 맙니다.

이제는 '잘 나아가는 것' 못지않게 '잘 되돌아오는 것' 또한 중요하다는 것을 깨닫습니다. 인생이라는 경주는 앞으로만 나아간다고 잘 뛰는 것이 아닙니다. 여의찮으면 언제든 되돌아갈 수도 있어야 합니다. 그렇게 안전지대에서 몸과 마음을 추스르고 다시 나아갈 힘을 얻습니다. 결국 인생에서 출구를 마련하는 일은 더 멀리 나아가기 위한 준비인 것입니다.

삶에 무게를 더하는 이야기

잘 다져놓은 출구는 삶의 쉼을 얻는 공간으로 이어집니다. 그리고 되돌아갈 안전지대가 있다는 사실만으로 지금 겪는 고통의 크기를 줄일 수 있습니다.

하루는 퇴근 후 집에서 아이와 숨바꼭질하며 놀았습니다. 조금 피곤했지만, 아빠를 반기는 아이의 모습에 힘을 냈습니다. 아이는 지칠 줄 몰랐습니다. 평소 아이가 "내 체력은 무한대야" 하는 우스갯소리가 거짓이 아님을 다시 한번 깨닫습니다. 술래를 바꿔가며 놀이하는데 아이가 제게 이런 말을 해줍니다.

"아빠, 저기 옷장에 넓은 공간이 있는데, 그곳은 '안전지대'야. 그러니까 저곳에 숨으면 술래한테 들켜도 안전하다는 뜻이지."

아이가 술래가 되어 눈을 가리고 숫자를 세기 시작합니다. 숨을 곳을 찾아다니다가 옷장에 숨기로 했습니다. 아이의 말대로 옷장 안은 넓고 안락했습니다. 또 소리와 빛까지 차단되니 우주에 덩그러니 놓인 듯 고요하기까지 했습니다. 그렇게 몇 초 사이 잠이 들고 말았습니다. 잠시 뒤, 나를 찾아다니던 아이가 옷장 문을 열어보고는 말했습니다.

"어? 아빠가 어디 갔지? 안전지대에 있어서 안 보이네?"

천연덕스럽게 말하는 아이가 귀엽기만 합니다. 그렇게 안전지대에서 기운을 회복하고 다시 힘을 내봅니다.

삶에서 '잘 되돌아가는 것'의 의미 그리고 그곳에 마련된 안전지대에서 힘을 얻을 수 있다는 사실을 다시 한번 깨닫습니다.

기지, 재치 있게 대응하는 지혜
Reading Aesop's Fables at Forty Is No Light Matter

 풀을 뜯어 먹던 당나귀가 무섭게 달려드는 늑대를 보았다. 그러자 당나귀는 갑자기 다리를 저는 척했다. 그 모습을 본 늑대가 당나귀에게 이유를 물었다. 당나귀는 발굽에 가시가 박혀 발을 디딜 수가 없다고 말했다. 그러고는 자신을 잡아먹으려면 먼저 뾰족한 가시를 빼내야 할 것이라고 덧붙여 말했다.

그 말을 믿은 늑대는 당나귀의 발굽을 들여다보기 위해 고개를 숙였다. 그때를 놓치지 않고 당나귀는 늑대의 턱을 사정없이 걷어찼다. 그 바람에 늑대는 이빨이 모두 부서지고 말았다. 늑대가 원통해하며 말했다.

"아버지에게 물어뜯는 법만 배운 내가 의사 노릇을 하려고 했으니, 이렇게 화를 입게 되는구나."

❦

　기지를 발휘해 위기를 모면한 이야기를 종종 듣습니다. '기지(機智)'의 사전적 의미는 '경우에 따라 재치 있게 대응하는 지혜'를 의미합니다. 이야기 속 당나귀는 자기를 향해 다가오는 늑대를 보자 한 가지 묘책을 생각해냅니다. 그러고는 곧 한쪽 다리를 들어 아픈 척 연기하기 시작합니다. 한숨 돌린 당나귀는 늑대가 방심한 틈에 단단한 발굽으로 치명상을 입힙니다. 기지를 발휘해 위기를 모면한 순간이었습니다.
　살면서 정도(正道), 바른길을 걷는 것은 목표에 도달하는 올바른 방법입니다. 하지만 모든 길을 바르게만 걷는 것이 '현명한 방법'은 아닙니다. 때론 당나귀처럼 위기에서 벗어나기 위해 연기할 줄도 알아야 합니다.
　'망매지갈(望梅止渴)'은 '매실을 바라보며 갈증을 해소한다'라는 뜻으로, 위기에서 벗어나고자 지혜를 발휘한 역사적 사례입니다.
　조조가 대군을 이끌고 먼 길을 행군하고 있었습니다. 그런데 지나는 곳마다 우물이 모두 말라서 마실 물이 턱없이 부족했습니다. 극심한 갈증에 병사들의 불만은 커져만 갔습니다. 그때 조조는 병사들의 사기를 끌어올리기 위해 이렇게 말했습니다.

"저기 앞에 울창한 매실나무 숲이 있다. 곧 있으면 입안 가득 시큼한 향을 머금을 수 있을 것이다. 그러니 모두 힘을 내거라."

그 말을 들은 병사들은 입안에 침이 고이기 시작했습니다. 갈증에 시달리던 병사들은 눈앞에 펼쳐질 매실나무 숲을 상상하며 힘을 낼 수 있었습니다. 조조는 자칫 소요 사태가 일어날 수도 있었던 일촉즉발의 위기를, 기지를 발휘해서 현명하게 넘길 수 있었습니다.

거짓말은 되도록 하지 않는 것이 맞습니다. 더욱이 남을 속여 이익을 챙기는 행위는 법의 심판을 받아야 하는 죄입니다. 하지만 다가오는 적을 무찌르고 위기를 극복하는 데는 거짓이 '기지'가 될 수 있습니다.

그러한 기지는 상대의 심리를 읽는 능력과 빠른 판단력이 있어야 쓸 수 있는 무기입니다. 그래서 평소 눈에 보이는 상대의 모습뿐 아니라 그 속마음을 들여다보기 위해 노력해야 합니다. 상대가 웃는 얼굴 뒤에 검은 속내를 숨기고 있다면 자신도 다리를 저는 척 연기할 수 있어야 합니다. 오로지 바른길, 정직만이 답은 아닙니다.

마흔에 만나는 고비를 슬기롭게 헤쳐 나가기를 바랍니다. 정도를 걷다가도 불현듯 마주친 늑대 같은 자에게는 낯빛을 바꾸고 재치 있게 대처하면서 말입니다.

이렇게 보니, 삶에서 진실되게 말하고 행동하는 순간이 얼마나 소중한지를 다시 한번 깨닫습니다. 있는 그대로 마음을 전하고 상대도 거짓 없이 생각을 표현하는 순간이 많을수록 인생은 평온해질 겁니다.

삶에 무게를 더하는 이야기

자기도 모르는 사이, 선택을 강요받는 순간이 있습니다. 혼란한 틈을 타서 던지는 질문에 당황한 나머지 속마음과 다른 대답을 하곤 합니다.

아이와 산책하러 나갔다가 집으로 돌아오는 길이었습니다. 아파트 단지 입구 근처에 작은 부스 하나가 설치되어 있었습니다. 그 앞을 지나는데, 한 여성이 상냥한 미소를 지으며 아이에게 사탕 하나를 건넸습니다. 그리고 아이에게 간단한 게임을 권했습니다. 아이는 호기심 가득한 눈빛으로 게임판을 집어 들었습니다. 숫자를 조합하기도 하고 연속된 그림을 연결하기도 하는 학습 놀이였습니다. 10여 분 정도 즐겁게 게임을 한 뒤, 그분에게 감사 인사를 전하는데 그때부터 본격적인 설명이 시작됐습니다.

이야기를 듣다 보니 매달 구독하는 형식의 학습지 홍보였습니다. 그런데 아이는 이미 학원도 다니고 있고 다른 유형의 학습지를 하고 있었습니다. 상냥한 미소를 짓고 있는 그분에게 매몰차게 거절의 뜻을 전하기가 망설여졌습니다. 몇 분 동안 설명이 이어졌고, 안 되겠다 싶어서 예의 있지만 단호하게 말했습니다.

"구성이 정말 좋네요. 그런데 제가 조금 급한 일이 있어서요. 명함을 주시면 집에 가서 생각해보고 연락드리겠습니다."

그렇게 명함을 받아 들고 집으로 돌아왔습니다. 잠시 뒤, 아이가 물었습니다.

"아빠, 그런데 급한 일이 있었어?"

"아주 급한 일이 있었지. 우리 산책하러 가기 전에 빨래 돌려놨었잖아."

일상에서 곤란한 순간을 벗어나기 위해 골몰할 때가 있습니다. 학습지 구독을 권유받는 일에서부터 경제적 손실을 감내해야 하는 중대한 사안까지 말입니다. 그때, 바른길에서 한 발짝 벗어날지라도 재치 있게 대응하는 지혜가 필요합니다. 그런 말 한마디, 행동 하나가 작은 틈을 만들어 늑대의 턱을 가격할 기회를 안겨줄 겁니다.

마실 물이 넘칠 때 우물을 파라
Reading Aesop's Fables at Forty Is No Light Matter

 멧돼지가 나무줄기에 대고 이빨을 갈고 있었다. 길을 지나다 그 광경을 본 여우가 멧돼지에게 물었다.

"멧돼지야, 지금 사냥꾼이 쫓아오는 것도 아니고 위험에 빠진 것도 아닌데, 왜 힘들게 이빨을 가는 거야?"

그러자 멧돼지가 여우를 돌아보며 대답했다.

"여우야, 평화로운 지금은 이빨을 쓸 일이 없겠지만, 위험이 닥쳤을 때 이빨을 갈려고 하면 시간이 없거든. 그래서 미리 날카롭게 가는 거란다."

'준비에 실패하는 것은 실패를 준비하는 것이다.'

이는 앞으로의 일을 예측하고 그에 맞는 대비책을 세워야 함을 강조한 말입니다. 준비되지 않은 자를 기다리고 있는 것은 실패뿐입니다. 혹여 대책 없이 무언가를 얻는다 하더라도 그것은 손가락 사이를 빠져나가는 모래알처럼 금세 흩어지고 맙니다.

'미리 준비되어 있다면 걱정할 일이 없다'라는 뜻의 사자성어 '유비무환(有備無患)' 또한 같은 의미입니다. 이야기 속 멧돼지는 평화로운 일상에서도 잊지 않고 이빨을 갈았습니다. 유비무환의 지혜를 삶 속에서 실천한 것입니다. 만약 멧돼지가 한가로이 놀기만 했다면 불현듯 닥친 위기에 반항 한 번 못 하고 먹잇감이 됐을 겁니다. 조용한 날, 묵묵히 벼린 이빨은 훗날 멧돼지의 목숨을 구하는 강력한 무기가 되는 것입니다.

때론 '준비'라는 명목으로 갈고닦는 것들은 평생 한 번도 써먹지 못하는 것일 수 있습니다. 이런 점 때문에 '애써 그런 것까지 준비해야 하나?'라는 의구심을 갖게 되는 것입니다.

1927년 미국 미시시피강 홍수는 안일한 대응으로 많은 인명 피해가 발생한 자연재해입니다. 그해 봄, 기록적인 폭우로 미시시피강의 범람을 예견하는 경고가 이어졌습니다. 하지만 주민들과 일부 공학자들은 이미 건설된 둑이 홍수를 막아줄 것으로 굳게 믿었습니다. 그렇게 주민들은 대재앙을 예견하지 못한 채 평화로운 일상을 누립니다.

결국 불어난 강물을 버티지 못한 둑은 허물어지기 시작했고, 미처 대응하지 못한 주민들은 삶의 터전을 잃고 말았습니다. 미시시피강 홍수는 200명 이상의 사망자, 70만 명 이상의 이재민이 발생한 최악의 자연재해로 기록됐습니다.

만약 홍수에 대비해서 강둑을 보강하고 대피 계획을 마련해뒀더라면 그와 같은 사상자가 발생하는 일은 없었을 겁니다. 이렇듯 위험을 예견하고 대비하는 일은 아무리 강조해도 지나치지 않습니다.

마흔에는 '굳이 이런 것까지 해야 하나?'라는 생각이 드는 때가 있습니다. 지금 괜찮다고 내일도 괜찮으리라는 보장은 없습니다. 수 미터 높이의 강둑이 버티고 있더라도 연일 비가 쏟아진다면 당장이라도 몸을 피할 준비를 해야 합니다.

만약 준비한 것을 실행할 필요가 없다면 강둑이 제 역할을 해낸 것이니 더없이 좋은 상황입니다. 반대로 둑에 균열이 생긴다면 준비해 둔 옷가지를 들고 재빠르게 피신해야 합니다. 이렇듯 '굳이 이런 것', 미리 짐가방을 싸두고 피난 경로를 봐둔 덕분에 목숨을 구할 수 있는 것입니다.

우물을 파야 하는 순간은 목마를 때가 아닙니다. 언제든 물을 구할 수 있는 지금이 우물을 파야 하는 적기입니다. 갈증을 느끼고 나서 땅을 파기 시작하면 늦습니다. 거칠어지는 호흡에 입안은 점점 더 마르고, 결국 물 한 바가지 얻기도 전에 지쳐 쓰러져버릴 테니 말입니다.

준비란 고요한 날 나무 기둥에 대고 이빨을 가는 일입니다. 아무런 위협이 없더라도, 설령 그 일이 평생 일어나지 않는다고 해도 준비해야 합니다. 일생 중 단 한 번만 날카로운 송곳니를 드러낼 수 있다면 그걸로 된 것입니다.

그렇습니다. 준비는 위기가 현실이 되지 않기를 바라는 마음을 담은 기도입니다.

삶에 무게를 더하는 이야기

살은 하루아침에 빠지지 않습니다. 꾸준히 운동하고 식단을 관리해야 유의미한 결과를 얻을 수 있습니다. 이와 마찬가지로 체력도 단기간에 늘지 않습니다. 짧은 시간 과도하게 운동하는 것보다 무리하지 않는 선에서 매일매일 운동하는 것이 더 효과적입니다.

동호회에서 정기 총회를 연다는 연락을 받았습니다. 그런데 총회 예정일이 아직 두 달 가량 남아 있었습니다. 내용을 자세히 읽어보니 이번 총회는 여느 때와 달리 등산을 하는 것으로 계획되어 있었습니다. 목적지는 꽤 악산으로 알려진 곳이었습니다.

순간, 걱정이 됐습니다. 한동안 운동을 하지 않았던 터라 중간에 낙오되는 것은 아닐까 하고 말입니다. 그래서 그날부터 저녁을 먹고 난 뒤, 매일 동네 한 바퀴를 걷기 시작했습니다. 일주일 뒤에는 중간중간 뛰기도 했습니다. 그렇게 한 달이 지나자, 걷는 걸음보다 뛰는 걸음이 많아졌습니다. 두 달 중 날씨가 좋지 않은 며칠을 빼고는 모든 날을 걷고 뛰었습니다.

정기 총회 날이 되었습니다. 출발하는 마음이 가벼웠습니다. 등산은 순위가 없기에 함께한 모든 이가 서두르지 않고 산을 올랐습니다. 비록 후위 그룹에 속했지만 소기의 목표인 '낙오 없이 정상에 도달하기'를 달성할 수 있었습니다.

예견된 일일수록 미리 준비할 수 있습니다. 그러니 준비에 실패하는 것은 오로지 자기 책임입니다. 몇 초 뒤에 일어날 일이 아니라면 매일 걷는 것으로 충분합니다. 그리고 여유가 된다면 가볍게 뛰어보는 겁니다. 그렇게 늘어난 체력으로 '실패'가 아닌 '성공'을 준비합니다.

노력하는 삶

Reading Aesop's Fables at Forty Is No Light Matter

 토끼와 거북이가 서로 누가 더 빠른지를 두고 언쟁을 벌였다. 쉽게 결판이 나지 않자, 둘은 달리기 시합을 하기로 했다. 저 멀리 보이는 언덕에 먼저 도착하는 자가 이기는 경주였다.

토끼는 승리를 자신하며 시합에 열중하지 않았다. 설상가상으로 도중에 여유롭게 낮잠까지 잤다. 반면 거북이는 쉬지 않고 걸었다. 자기 걸음이 선천적으로 느리다는 사실을 누구보다 잘 알아서였다. 결국 뒤늦게 잠에서 깬 토끼는 거북이에게 지고 말았다.

타고난 재능이 뛰어날수록 한 분야에서 성공할 확률이 높습니다. 키 큰 사람은 농구에 탁월한 능력을 발휘하고, 미각이 예민한 사람은 맛을 구분하는 데 유리하고, 음감이 좋은 사람은 악기를 잘 다루고, 감각적으로 색을 다루는 사람은 시각 예술에서 빛을 발합니다. 하지만 뛰어난 재능을 가졌다고 해서 성공이 '보장'되지는 않습니다.

토끼의 한 걸음과 거북이의 한 걸음은 비교하는 것이 우스울 정도입니다. 하지만 토끼는 자기 재능을 맹신한 나머지 느림보 거북이에게 지고 말았습니다. 뛰어난 재능이 오히려 독이 된 셈입니다. 반면, 거북이는 부족한 능력을 '노력'으로 보완해서 승리할 수 있었습니다. 이렇듯 재능만으로는 성공을 장담할 수 없는 것입니다.

심리학 박사 앤더스 에릭슨은 노력의 중요성을 강조하며 '1만 시간의 법칙'을 주창했습니다.

그는 바이올린 전공 학생들을 대상으로 그들이 성인에 이를 때까지 들인 연습 시간을 조사했습니다. 그 결과 최정상급 학생들의 연습 시간은 '1만 시간 이상', 그저 우수한 학생들의 연습 시간은 '8천 시간', 평범한 학생들의 연습 시간은 '4천 시간'에 달했습니다.

이 실험은 한 분야에서 두각을 나타내기 위해서는 타고난 재능도 중요하지만, 반드시 '의도적인 연습'이 필요하다는 점을 설명하고 있습니다.

짧은 인생에서 재능을 찾는 것은 큰 행운입니다. 하지만 어렵게 구한 행운을 간직하기만 해서는 아무런 의미가 없습니다.

순발력 좋은 사람이 탁구 라켓을 잡고 몇 경기를 하는 것은 그저 놀이 수준에 지나지 않습니다. 어쩌다 이기더라도 '타고난 능력을 발휘했다'기보다 '초심자의 행운' 정도로 보는 것이 맞습니다. 하지만 뛰어난 순발력으로 첫 경기부터 안정적인 타격점을 찾은 사람이 밤낮으로 연습한다면 얘기가 달라집니다. 그는 누구보다 빠르게 성장해서 떠오르는 강자로 이름을 떨칠 것입니다. 이렇듯 타고난 재능을 온전한 능력으로 만들기 위해서는 남다른 노력이 필요합니다.

같은 선상에서 시작한 일을 남들보다 빠르고 정확하게 해내는 자신을 발견한다면, 그 순간을 놓치지 마십시오. 그 지점에서 타고난 재능을 발견할 수 있을 테니 말입니다. 그리고 거기에서 한 발짝 더 나아가기 위해서는 스스로 '잘한다'라는 사실을 잊어야 합니다.

그래야만 큰 키에 기대지 않고 농구 연습에 매진할 수 있습니다.

그래야만 듣는 것에 그치지 않고 피아노를 한 번 더 칠 수 있습니다.

그래야만 보는 것에 그치지 않고 수십 장의 도화지에 그림을 그릴 수 있습니다.

그렇습니다. 능력에 의존하지 않고 자만에 빠지지 않아야 '1만 시간의 노력'을 더할 수 있습니다.

마흔에는 타고난 재능보다 마음을 다해 노력하는 것이 먼저임을 깨닫습니다. 그런 삶의 자세가 둔재였던 자신을 천재로 만들어줄지도 모를 일입니다. 고대 그리스의 최고 웅변가로 불리는 데모스테네스도 처음 단상에 올랐을 땐 사람들의 조롱을 받았습니다. 그는 타고난 말더듬이를 극복하기 위해 기꺼이 자갈을 입에 물었고, 파도 앞에서 목청을 가다듬었습니다. 그런 노력 끝에 역사에 길이 남을 웅변가가 될 수 있었습니다.

이제 숨겨진 재능을 발견하더라도 자만하지 않습니다. 설령 평생 재능을 찾지 못하더라도 좌절하지 않습니다. 어떤 경우든 '노력이라는 재능'을 갈고닦는다면 이루지 못할 것이 없다는 사실을 알기 때문입니다.

삶에 무게를 더하는 이야기

사람은 '무언가를 잘 안다'라고 생각하는 순간, 경솔해집니다. 그럴 때 아는 것을 놓치고 뒤늦은 후회를 하는 것입니다.

하루는 딸아이의 수학 공부를 도와주고 있었습니다. '자기 자식은 직접 가르치지 말라'라는 맹자의 말은 참으로 옳습니다. 아이의 공부를 봐주는 일은 정말 쉽지 않았습니다. 뭐든 혼자 힘으로 하고 싶어 하는 아이에게 아빠의 조언은 일종의 '참견'으로 들릴 뿐이었습니다.

그래서 별다른 말 없이 아이를 지켜보며 수준을 가늠해봤습니다.

곧잘 문제를 풀던 아이가 한 문제에서 고심하기 시작했습니다. 그런데 앞뒤 문제와 비교했을 때 결코 어려운 문제는 아니었습니다. 오답을 고른 아이에게 조용히 말을 꺼냈습니다.

"딸, 혹시 조금 전 문제 말이야. 아빠가 다시 한번 '문제'만 읽어줘도 될까?"

아이는 말없이 고개를 끄덕였습니다. 그래서 아이에게 문제를 천천히 다시 읽어줬습니다. 별다른 해설 없이 중요한 구절에 힘을 줘가면서 말입니다. 나의 말이 끝나자, 아이는 스스로 오답을 수정했습니다. 공부를 마친 아이에게 이런 말을 해줬습니다.

"딸, 문제를 빨리 푸는 것도 좋지만, 문제를 꼼꼼히 읽는 것이 더 중요해. 다들 '문제 속에 답이 있다'라고 하잖니? 아빠는 모르는 문제를 틀리는 것보다 아는 문제를 잘못 봐서 틀리는 게 더 속상하더라고."

그러자 딸아이는 장난스럽게 조금 전 틀린 문제를 다시 한번 큰 소리로 읽었습니다. 그런 아이에게 엄지를 들어 보였습니다.

어려운 일, 쉬운 일 구분 없이 최선의 노력을 다하고자 마음먹습니다. 노력하는 삶이야말로 재능에 구애받지 않는 인생을 살아가는 유일한 방법인 것입니다.

인생의 고난을 비켜 가는 방법
Reading Aesop's Fables at Forty Is No Light Matter

사슴이 사냥꾼에게 쫓기고 있었다. 정신없이 도망치던 사슴은 포도나무를 발견하고 그 아래에 몸을 숨겼다. 포도나무 잎이 무성해서 사냥꾼은 사슴을 발견하지 못하고 그냥 지나쳤다.

한숨 돌린 사슴은 고개를 들어 주위를 돌아봤다. 그러자 먹음직스러운 포도나무 잎이 눈에 들어왔다. 사슴은 조금 전의 다급한 상황을 잊은 채 포도나무 잎을 따 먹기 시작했다. 그리 멀리 가지 않았던 사냥꾼은 포도나무 잎이 흔들리자, 그 방향을 향해 활을 쐈다. 몸통에 화살을 맞은 사슴은 죽어가면서 이렇게 말했다.

"나를 숨겨준 포도나무의 잎을 따 먹었다가 벌을 받는구나."

⚜

　이야기 속 사슴은 사냥꾼의 인기척이 느껴지지 않자 곧 마음을 추스르고 나뭇잎을 따 먹었습니다. 강심장이라고 해야 할까요. 죽을지도 모르는 위험을 벗어나자마자 배고픔을 느끼다니 말입니다. 하지만 결과적으로 사슴은 자신을 숨겨준 포도나무 잎을 따 먹었다가 사냥꾼이 쏜 화살에 맞아 죽습니다.
　위험한 상황이 지나자마자 평온하게 나뭇잎을 따 먹은 사슴을 보며 '삶에서 겪는 위기에 어떻게 대처해야 하는가?'라는 질문을 던져봅니다.
　우리의 지금 모습은 과거의 수많은 선택이 모여 이뤄진 결과물입니다. 누구나 그 사실을 알고 있습니다. 그래서 현재 상황을 탓하고 남을 원망하기 이전에 인생의 변곡점에서 자신이 한 선택을 생각해봐야 합니다. 특히 삶에서 비바람이 몰아치는 위기를 겪은 뒤 같은 상황을 반복하지 않기 위해 어떤 노력을 기울였는지를 말입니다.
　한 남자가 직장을 얻고 돈을 벌기 시작하면서 신용카드 한 장을 만들었습니다. 통장에 돈이 없어도 '신용'이라는 두 글자로 얼마든지 물건을 살 수 있었습니다. 날이 갈수록 남자의 씀씀이는 커졌습니다. 그렇게 남자는 자신이 매달 얼마만큼의 돈을 쓰는지도 모른 채 지냈습니다.

몇 달 뒤, 남자는 벌이보다 많은 돈을 쓰기 시작했고 빚은 점점 불어났습니다. 카드 결제일이 다가올수록 잠 못 이루는 날이 많아졌습니다. 어쩔 수 없이 남자는 부모님께 도움을 구했고 가까스로 카드 빚을 갚았습니다.

그날 밤 남자는 안도의 한숨을 내쉬며 스마트폰의 배달앱을 켜고 야식을 주문했습니다. 그렇게 다음 달 카드 명세서에 새로운 한 줄을 새겨 넣었습니다.

휘몰아치는 비바람이 그치면 맑게 갠 하늘에 기분이 좋아집니다. 하지만 넋 놓고 하늘 아래에 서 있다가는 뜨거운 햇살에 얼굴이 거뭇해집니다. 심하면 화상을 입기도 합니다. 위기에서 벗어난 기쁨에 취해 뒤따르는 위험을 대비하지 못하면 삶은 더 깊은 구렁에 빠지게 됩니다.

위 이야기의 남자는 빚에 허덕이다 겨우 위기를 모면했습니다. 하지만 그는 힘들었던 순간을 잊은 채 또 다른 불길 속으로 한 발짝 다가섭니다.

기구한 운명을 타고난 사람이 있습니다. 한 개인이 막아서기에 불가능한 일이 연이어 발생하는 경우입니다. 하지만 그런 불가항력에 가까운 경우가 아닌 이상, 우리가 삶에서 겪는 고난은 스스로 불러온 일이 많습니다. 감당할 수 없는 빚에 허덕이다가 겨우 생활이 안정되었다면 이제부터는 지갑을 닫아야 합니다. 필요한 물건이 아니면 쳐다보지 않겠다는 굳은 의지를 다지면서 말입니다.

마흔에는 수많은 고난의 터널을 지나고 있습니다. 저 멀리 출구로부터 빛이 새어 들어오더라도, 이제는 기쁨에 취하지 않습니다. 그렇게 마음을 다잡을수록 백 번의 고난이 절반으로 그리고 또 손에 꼽을 정도로 줄어들 것입니다.

맞습니다. 인생의 고난은 위기를 벗어난 순간 어떻게 마음먹느냐에 따라 충분히 비켜 갈 수 있습니다.

삶에 무게를 더하는 이야기

소화력이 예전 같지 않습니다. 잦은 배탈로 병원에 들러 진료를 받았는데 내시경 검사에서 작은 용종이 발견됐습니다. 다행히 악성은 아니라 용종을 제거하고, 술과 기름진 음식을 조심하라는 의사의 권고를 받았습니다. 그렇게 1년이 지나 증상은 호전되었고 건강검진에서도 큰 이상이 발견되지 않았습니다. 검진 결과를 받은 날, 자축의 의미에서 치킨과 맥주를 시켜 먹었습니다.

그날부터 지난날의 기억은 잊은 채 좋아하는 음식을 마음껏 먹었습니다. 물론 술도 함께 곁들여서 말입니다. 그렇게 몇 달이 지났을 즈음, 자고 일어났더니 왼발의 느낌이 이상했습니다. 비유하자면 발등을 바늘로 찌르는 듯한 통증이었습니다. 그날 저녁이 되자 왼쪽 발은 발가락과 발등을 구분할 수 없을 정도로 부었습니다. 바람만 스쳐도 통증이 느껴질 정도였습니다. 결국 응급실로 향했습니다.

의사는 제 발을 보자마자 "혹시 평소 고기와 술을 자주 드시나요?"라고 물었습니다. 말없이 고개를 끄덕이는 저에게 의사는 "통풍이 의심됩니다"라고 말한 뒤 몇 가지 검사를 했습니다. 몇 시간 뒤, 의사는 여지없이 통풍이라는 진단을 내렸습니다.

속이 편안해졌다는 안도감에 생각 없이 음식을 먹다가 평생 관리해야 하는 병을 얻었습니다. 지나가는 '위기'라는 녀석을 불러 세워놓고 제 발로 가까이 다가간 꼴이었습니다.

마흔에는 위기를 위기로 알고, 그날의 고통을 잊지 않기로 합니다. 그것이 인생의 고난을 비켜 가는 현명한 자세입니다.

빈자리의 크기는 실력에 비례한다
Reading Aesop's Fables at Forty Is No Light Matter

 지붕 위에 있던 새끼 염소가 지나가는 늑대를 보며 욕하고 조롱했다. 그러자 늑대가 말했다.
"이봐, 지금 내게 욕하는 것은 네가 아니라 그 '지붕'이라는 자리란다."

염소는 다른 동물에 비해 점프력이 좋고 균형감각이 뛰어나 절벽을 단숨에 오를 수 있습니다. 발을 디딜 작은 공간만 있으면 염소가 오르지 못할 곳은 없다고 봐야 합니다. 이야기 속 새끼 염소는 가벼운 몸놀림으로 지붕에 올랐습니다. 그리고 그 앞을 지나는 늑대를 보며 마음껏 욕설을 해댔습니다. 그런 염소에게 늑대는 일갈을 날립니다.

"네가 지금 큰소리칠 수 있는 것은 지붕 위에 있기 때문에 가능한 일이야."

윈스턴 처칠은 "위에 있으면서 교만하지 않으면 아무리 지위가 높아져도 위태하지 않다"라고 말했습니다. 군인 출신으로 영국의 총리를 지낸 처칠은 권력의 극을 경험한 위인입니다. 위의 이야기에 비유하자면 나는 새조차 쉽게 오르지 못하는 지붕에 오른 인물인 것입니다. 처칠은 아무리 막강한 권력을 가졌더라도 교만에 빠지지 말아야 함을 강조한 것입니다.

직위에서 비롯된 힘은 그 자리에서 내려오는 순간 사라지고 맙니다. 아니, 자리를 내려놓기 전이라도 세가 기울면 입지가 흔들리기 시작합니다. 그러니 지금, 자신을 따르는 사람들이 '지위의 힘'을 따르는 것은 아닌지 잘 생각해봐야 합니다. 만약 자기 능력보다 과분한 지지를 받고 있다면 분명 앉은 자리의 덕을 보고 있는 것입니다.

축구 선수는 팀 내에서 각자의 등번호가 있습니다. 그 번호에는 저마다 의미가 부여돼 있습니다. 예로, '등번호 7번은 팀에서 가장 뛰어난 공격수', '등번호 10번은 시야가 넓고 경기 운용 능력이 좋은 선수', '등번호 11번은 팀 내에서 가장 빠른 선수' 같은 식입니다.

물론 자신의 포지션과는 별개로 특정 번호를 원하는 선수도 있습니다. 그래도 등번호가 지닌 일반적인 의미를 생각해보면 각자의 역할을 대략 추측해볼 수 있습니다. 마치 번호가 하나의 직위가 되어 선수에게 역할을 부여하는 것입니다.

한편, 특정 선수가 현역 시절 사용하던 번호를 '영구 결번'으로 지정하는 경우가 있습니다. 팀에서 오랜 기간 활약한 선수를 기리기 위해서, 또는 애도와 추모의 의미에서 특정 번호를 결번으로 남겨두는 것입니다. 한 선수가 가진 능력이나 영향력이 번호에 부여된 의미를 넘어서는 경우입니다.

인생을 살아가며 다양한 자리에 앉을 기회가 있습니다. 때론 그 자리가 높아서 교만에 빠지기도 합니다. 그것은 운 좋게 11번을 달아놓고 누구보다 빠르다고 착각하는 것입니다.

어떤 자리에 오르는 것이 중요한 것이 아니라 그에 걸맞은 능력을 키우는 것이 먼저입니다. 자기에게 부여된 '역할'이 아닌 온전한 '자신'으로 기억될 수 있도록 말입니다. 그래야 자리를 내려놓더라도 그 빈자리를 그리워하는 사람들로부터 '영구 결번'이라는 영예로운 직위를 얻을 수 있습니다.

마흔에는 등번호에 집착하지 않고 그저 달릴 뿐입니다. 아무리 좋은 자리도 평생 앉아 있을 수 없다는 것을 알기 때문입니다. 또한 자리에 취해 교만에 빠지지 않도록 늘 자신을 되돌아봅니다. 지붕 위에서 내지른 욕설은 그곳에서 내려오는 순간 차가운 칼날이 되어 되돌아올 것을 아는 이유에서입니다.

삶에 무게를 더하는 이야기

직장에서 동료로 만나고 싶은 사람은 어떤 사람일까요?

바로 '일 잘하는 사람'입니다. 단순한 친목 모임이라면 '마냥 웃긴 사람'이 최고의 동료이지만, 회사는 그렇지 않습니다. 자선 기업이 아닌 한 회사는 '이윤 추구'라는 명확한 목표를 가지고 있기 때문입니다. 일 잘하는 사람과 한 팀을 이룰 때 좋은 성과를 내게 되고, 이는 곧 회사에서 입지를 굳히는 기반이 됩니다.

동료 중에 일하는 티가 나는 사람이 있었습니다. 말 그대로 일하는 '티'입니다. 그는 작은 일, 큰 일 구분 없이 자신이 하는 일의 난도와 중요성을 여기저기 떠벌리고 다녔습니다. 반면 그와는 대조적으로 있는 듯 없는 듯 조용하게 일 처리하는 동료가 있었습니다. 그는 말수가 적고 적극성은 부족했지만, 주어진 일을 기한 내 말끔하게 처리했습니다.

얼마 뒤, 인사이동이 있어서 두 직원 모두 다른 부서로 자리를 옮기게 되었습니다. 왁자지껄했던 사람과 조용했던 사람 중 누구의 빈자리가 더 크게 느껴졌을까요? 입으로 일하던 직원이 아닌 조용하고 성실했던 직원의 빈자리가 훨씬 크게 느껴졌습니다.

존재감은 큰 소리를 낸다고 커지는 것이 아닙니다. 자기 일을 묵묵히 잘해낼 때 저절로 풍기는 것입니다.

이제 빈자리의 크기는 실력에 비례한다는 것을 압니다. 앉은 자리가 어떻든 실력이 있는지 없는지에 따라 자신이 남기는 흔적의 크기가 달라지는 것입니다.

탐욕은 영혼의 중독이다
Reading Aesop's Fables at Forty Is No Light Matter

갈까마귀 한 마리가 사육장에서 편하게 먹이를 받아먹는 비둘기 떼를 보았다. 그 길로 갈까마귀는 몸에 하얀 분칠을 하고 사육장에 숨어 들어 비둘기 흉내를 내기 시작했다. 그렇게 한동안 먹이를 받아먹던 갈까마귀는 자기도 모르게 울음소리를 내고 말았다. 결국 비둘기들에게 정체를 들켜버린 갈까마귀는 사육장에서 쫓겨났다.

갈 곳 없이 방황하던 갈까마귀는 어쩔 수 없이 동족의 무리로 돌아갔다. 하지만 동족들은 깃털이 하얗게 변해버린 갈까마귀를 알아보지 못하고 내쫓아버렸다. 갈까마귀는 지나친 욕심 때문에 어느 곳에도

속할 수 없게 되었다.

❦

갈까마귀는 살이 통통하게 오른 비둘기들이 부러웠습니다. 자신은 하루 종일 산속을 헤집고 다녀야 겨우 먹이를 구할 수 있었는데 비둘기들은 사육사가 던져주는 먹이를 느긋하게 받아먹기만 했으니, 속이 쓰린 것도 당연했습니다.

그래서 갈까마귀는 자기 몸에 잘 지워지지 않는 하얀 분을 칠합니다. 사육장에 숨어 들어 배불리 먹을 수만 있다면 깃털의 색깔 따위는 중요하지 않습니다. 비둘기들에게 정체를 들키기 전까지는 말이죠. 결국 갈까마귀는 본래의 모습을 잃어버린 채 어느 곳에도 속할 수 없게 되었습니다.

삶에서 탐욕을 부리기 시작하면 정도를 지나치게 됩니다. 욕심은 가진 것이 적어서 생기는 것이 아닙니다. 현재 상황에 만족하지 못하고 더 가지려고 아등바등하는 마음이 욕심인 것입니다. 벌이가 변변치 못해도 행복하게 사는 사람이 있습니다. 반면 수십억의 자산을 가지고도 탐욕에 눈이 멀어 범죄를 저지르는 악덕한 자가 있습니다.

그리스의 철학자 플라톤은 말합니다.
"탐욕은 영혼의 중독과도 같다."
한 번 무언가를 탐하기 시작하면 그 마음은 영혼에 깊이 각인되어 삶을 망가뜨린다는 것입니다. 지금 자기 처지에서 받아 든 보상에 만족하지 못하는 순간, 마음에 탐욕이 깃듭니다. 그리고 한 번 부리기 시작한 탐욕은 끊을 수 없는 마약처럼 영혼을 중독시킵니다. 만족을 모르고 제 몸에 하얀 분칠을 서슴지 않는 갈까마귀가 되어 결국에는 갈 곳을 잃고 마는 것입니다.

그런데 탐욕에 이르지 않은 긍정적인 욕심이 있습니다. 바로 '열망'입니다. 무언가를 간절히 바라는 그 마음이 탐욕에 이르지 않도록 잘 다스린다면 인생을 더 나은 방향으로 이끌 수 있습니다.

한 투수가 있습니다. 모든 운동이 그렇듯 매번 좋은 성적을 내기란 쉬운 일이 아닙니다. 마찬가지로 그도 들쭉날쭉한 경기 성적에 근심이 늘어갔습니다. 이때 그가 '경기를 잘하고 싶다'라고 간절히 바라는 마음은 '열망'입니다. 그 마음을 잘 다스린다면 누구보다 일찍 연습장에 나와 땀 흘리며 노력하는 길을 택합니다. 그런데 열망이 지나쳐 탐욕에 이르면 금지약물을 복용하고 손가락에 타르와 같은 액체를 바르게 되는 것입니다.

열망을 잘 다스리는 자는 삶을 주도적으로 살아갈 수 있습니다. 바라는 것을 이루기 위해 욕심부리지 않고 지금의 위치에서 최선을 다하는 이유에서입니다.

마흔에는 앞으로의 날들을 더 잘 살아내야 한다는 압박감을 쉽게 떨칠 수 없습니다. 그래서 마음에 조급함이 깃듭니다. 하지만 조급함은 열망을 탐욕으로 번지게 하는 독과 같다는 것을 알아야 합니다. 이제는 무언가를 바라는 그 마음을 잘 다스리기로 마음먹습니다. 그렇게 제 몸에 칠한 하얀 분칠을 지우고 두 발로 먹이를 찾아 나섭니다.

배가 부르지 않더라도 괜찮습니다. 최선을 다해 구한 먹이가 내 인생을 살찌우는 보약이 될 테니 말입니다.

삶에 무게를 더하는 이야기

빠르게 부자가 되는 현실적인 방법을 꼽으라면 '주식 투자'가 있습니다. 경기 불황이 지속되면서 작은 이슈에도 주식시장이 들쭉날쭉합니다. 그 등락의 폭만큼 많은 돈을 벌거나 반대로 큰 손실을 보는 사람이 생깁니다.

이런 시대적 흐름에 편승하지 못하면 '경제관념이 어두운 사람', '투자를 모르는 사람'으로 취급되기까지 합니다. 그래서 저 또한 과감하게 주식시장에 발을 들였습니다. 개미의 발자국을 남길지언정 반드시 투자에 성공하리라는 강한 열망을 품었습니다.

안정적인 수익을 보기 위해서는 소위 '대형주'의 흐름을 살피며 분산투자하는 것이 맞습니다. 굉장히 쉽고 아름다운 이론입니다. 하지만 마음에 움튼 열망이 서서히 탐욕으로 변하기 시작했습니다. 경제 기사를 살피고 지인에게 조언을 구하며 열심히 공부했습니다. 그리고 마침내 가파른 우상향이 예상되는 종목을 선정했습니다. 일명 '테마주'였습니다.

'자기가 주식을 사면 떨어진다'라는 우스갯소리는 우스운 이야기가 아니었습니다. 그 일이 현실이 되니 뼈아픈 상처를 남기는 악재였습니다. 인생 수업료라고 하기에는 허공으로 사라진 돈의 단위가 컸습니다. 한동안 아내 눈치를 보며 갈 곳 잃은 갈까마귀와 같은 처지로 지내야 했습니다.

무언가에 욕심을 부리기 시작하면 그 마음에 휘둘려 제 인생을 살아가지 못합니다. 운 좋게 바라는 것을 얻더라도 욕심에 중독되어 더 큰 것을 바라게 됩니다. 결국 스스로 지워지지 않는 '실패'라는 낙인을 찍은 뒤에야 멈출 수 있습니다.

이제 큰돈을 바라며 투자하지 않습니다. 바라는 수익률을 정해두고 안정적인 종목에만 조금씩 투자합니다. 그 결과 수년째 수익을 보고 있습니다. 물론 개미의 작은 발자국 정도이지만 그것이 탐욕에 물들지 않는 현명한 방법인 것입니다.

'옛것'을 익혀 '새로운 것'을 알아가는 자세
Reading Aesop's Fables at Forty Is No Light Matter

한 무리의 사람들이 뱃놀이를 즐기고 있었다. 그런데 갑자기 폭풍이 몰아쳐 배가 침몰할 위기에 처했다. 사람들은 저마다 모시는 신을 향해 울부짖으며 기도하기 시작했다.

"신이시여, 부디 살려만 주신다면 전 재산을 제물로 바치겠나이다."

잠시 후, 몰아치던 비바람이 잠잠해졌다. 사람들은 조금 전 절망의 구렁텅이에서 울부짖던 자기 모습을 잊고 술을 마시며 뱃놀이를 즐기기 시작했다. 이를 지켜보던 뱃사공이 사람들에게 말했다.

"이보시오, 즐기는 것도 좋지만 바다는 언제라도 돌변할 수 있다는 점을 명심하시오.”

⚜

위기를 겪은 사람이 선택할 수 있는 길은 크게 두 가지입니다.

먼저 갖은 고생을 한 자신에게 '이제는 인생을 즐겨도 돼'라고 하며 과거의 위기를 기억 저편에 묻어두는 선택지입니다. 그런 사람에겐 과거의 일이 하나의 영웅담에 지나지 않습니다. 또 다른 선택지는 자신이 겪은 위기를 곱씹으며 '다시는 같은 고난을 겪지 않겠어!'라고 다짐하는 것입니다. 그 다짐은 앞으로의 삶을 슬기롭게 살아내는 힘이 됩니다.

위 이야기 속 사람들은 몇 분 전의 폭풍조차 하나의 안줏거리로 여깁니다. 죽을 위기에서 벗어난 기쁨이 영원히 계속될 것이라고 믿으면서 말입니다. 하지만 천지신명(天地神明)에게 온갖 재물을 바쳐도 잠재울 수 없는 것이 풍랑입니다. 과거의 위기를 잊지 않는다면 당장 뱃머리를 돌려 육지로 되돌아가는 것이 맞습니다. 폭풍이 그치기가 무섭게 뱃놀이를 즐기는 사람은 자신을 바다의 제물로 내던지는 어리석은 자인 것입니다.

'옛것을 익혀 새로운 것을 안다'라는 뜻의 온고지신(溫故知新)은 《논어》〈위정〉편에서 공자가 한 말입니다. 현재를 잘 살아내야 합니다. 그러기 위해선 과거를 잊지 말아야 합니다.

하지만 때론 과거에 얽매여 더 이상 앞으로 나아가지 못하는 사람이 있습니다. 그런 사람은 '온고지신'의 의미를 제대로 알지 못하는 사람입니다. 과거의 자신을 들여다볼 때는 최대한 감정을 배제한 채 객관적으로 바라봐야 합니다. 기억 속 장면을 '1인칭 주인공 시점'이 아닌 '3인칭 전지적 시점'으로 볼 수 있어야 한다는 의미입니다. 자기를 둘러싼 배경과 조건을 살피고 그 속에서 배울 점을 찾는 것입니다.

옛 고려는 거란과 몽골의 침입을 받으며 여러 차례 위기를 겪었습니다. 특히 10세기 후반부터 11세기 초반까지 이어진 거란의 침입으로 고려는 많은 전쟁을 치러야 했습니다. '서희의 외교담판', '양규 장군의 흥화진 전투' 그리고 '강감찬 장군의 귀주대첩'까지 거란에 맞서 승리를 거둔 전투도 있었지만, 수도 개경을 내어준 뼈아픈 역사도 있었습니다.

고려는 거란과의 전쟁을 통해 북방의 경계를 공고히 할 필요성을 느끼고 천리장성을 축조합니다. 천리장성은 압록강 하부에서부터 함경도 동해안까지 약 천 리에 달하는 거대한 규모의 방어선이었습니다. 이후 천리장성은 북방 방어의 핵심축 역할을 하게 됩니다. 고려는 거란과의 전투에서 얻은 교훈을 통해 천리장성을 쌓은, 즉 '온고지신'의 자세로 나라의 안정을 도모한 것입니다.

'온고지신'의 마음으로 주위를 둘러보니 마흔은 복된 나이임을 깨닫습니다. 들춰보고 익혀야 할 과거는 제법 되고, 이를 통해 알아가야 할 새로움은 넉넉한 이유에서입니다. 이제는 때때로 멈춰 서서 과거의 자신을 떠올려봅니다.

'1년 전 오늘은 평온했나?'

'그때의 고민은 여전히 현재의 고민인가?'

'혹시 그때의 고난을 또다시 겪고 있지는 않은가?'

손가락에 꼽을 정도의 자문만으로도 '온고(溫故)', 옛것을 익힐 수 있습니다. 현재의 위기는 과거의 내가 다져놓은 길에 놓인 장애물입니다. 그래서 '온고'를 할수록 삶의 장애물을 피할 수 있는 확률은 높아집니다.

그리고서 해야 할 일은 '지신(知新)', 새로운 것을 알기 위해 노력하는 것입니다. 천리장성을 쌓는 일과 같이 거대한 무언가가 아니더라도 괜찮습니다. 과거와 다른 선택, 다른 말과 행동을 하는 것만으로도 인생은 더 나은 방향으로 흘러갈 테니 말입니다.

삶에 무게를 더하는 이야기

어디에 내놓아도 집을 잘 찾아오는 사람이 있습니다. 소위 '길눈이 밝은 사람'입니다. 반면 건물의 입구와 출구만 달라도 전혀 다른 곳에 들어선 듯 헤매는 사람이 있습니다. 이런 사람은 매번 다니는 길도 계절에 따라서, 또는 날씨에 따라서 생소한 길로 여기곤 합니다. '길눈

밝은 사람' 입장에서는 도무지 이해되지 않는 어리숙한 사람입니다.

저는 길눈이 어둡습니다. 반면 아내는 길눈이 상당히 밝습니다. 하루는 아내와 함께 영화를 보러 갔습니다. 영화 상영시간을 확인하고 집에서 일찌감치 출발했습니다. 그날따라 유독 차가 많았습니다. 게다가 도로 주변에는 보도블록 교체 공사가 한창이었습니다.

어수선한 상황은 안 그래도 복잡한 길을 더욱 난해하게 만들었습니다. 결국 영화가 시작한 뒤에야 극장에 도착할 수 있었습니다. 아내는 말이 없었습니다. 영화가 끝나고 집으로 돌아가는 길에 아내가 입을 열었습니다.

"여보, 지금부터 돌아가는 길을 통째로 외운다고 생각해봐."

아내의 말투는 그 어떤 단서도 달 수 없을 만큼 단호했습니다. 그래서 정말 길을 외운다는 생각으로 주변을 살폈습니다. 주요 건물, 식당의 간판, 도로 표지판 등을 빠짐없이 훑었습니다. 그날 이후로 그 일대의 길은 머릿속에 지도를 펼쳐놓은 것처럼 훤히 꿰고 있습니다. 그런데 문득, '평소 이렇게 길을 외우려고 노력한 적이 있었나?'라는 생각이 듭니다.

과거의 실수로부터 배우기 위해서는 약간의 긴장감을 동반한 집중력이 필요합니다. 그저 실수 자체를 인지하는 것만으로는 부족합니다. 건물의 위치를 파악하고 눈에 띄는 간판을 외우려는 세심한 노력이 있어야 제대로 된 길을 알 수 있습니다. 그렇게 과거로부터 배우고 새로운 길을 찾는 마음으로 살아갑니다.

쓴소리는 모진 풍랑을 이겨내는 보약이다

Reading Aesop's Fables at Forty Is No Light Matter

한 양치기가 있었다. 그는 바다를 낀 언덕에 양들을 풀어놓고 한가롭게 경치를 즐기곤 했다. 그러던 어느 날, 그는 고요하고 드넓은 바다를 여행하고 싶다는 생각이 들었다. 그래서 키우던 양들을 팔아 그 돈으로 배 한 척과 대추야자를 샀다. 부푼 꿈을 안고 바다로 떠난 양치기는 얼마 가지 않아 모진 풍랑을 만났다. 이리저리 흔들리는 배의 중심을 잡기 위해서는 모든 짐을 바다에 내던지는 수밖에 없었다. 그렇게 남자는 가까스로 목숨을 건지고 마을로 돌아왔다.

한참의 시간이 흘렀다. 한 남자가 바닷가에 서서 "아, 저 고요한 바

다를 여행하고 싶구나!"라고 혼잣말했다. 우연히 길을 지나다 그 말을 들은 양치기가 말했다.

"짐짓 조용한 체하는 바다가 대추야자가 또 먹고 싶은 모양입니다. 바다는 언제 돌변할지 모르니, 다시 한번 잘 생각해보십시오."

⚜

지금껏 양치기가 양들을 초원에 풀어놓았던 날은 '화창한 날'이었습니다. 그러니 양치기의 눈에 바다는 평화롭게만 보였던 것입니다. 만약 그가 비바람이 몰아치는 날 언덕에 올라가 봤더라면 아무 대책 없이 바다로 떠나지는 않았을 텐데 말입니다. 한편, 양치기로부터 조언을 들은 남자는 운이 좋은 사람이었습니다. 앞으로 남자의 운명은 양치기의 한마디를 어떻게 받아들이느냐에 따라 달라질 겁니다.

사람은 누구나 도전 앞에서 '두려움'과 '설렘'을 동시에 느낍니다. 이 두 감정이 균형을 이루어야 너무 성급하지도, 너무 지지부진하지도 않게 앞으로 나아갈 수 있습니다. 하지만 보고 싶은 것만 보고, 믿고 싶은 것만 믿는 것이 사람의 심리입니다. 그래서 상황을 편향되게 해석하고 뭐든 이룰 수 있을 것만 같은 착각에 빠지는 것입니다.

'낙관적 편향 실험'은 이런 사람의 심리를 잘 보여줍니다. 실험 참가자에게 앞으로 자신에게 일어날 좋은 일, 나쁜 일을 예측하게 했습니다. 참가자 대부분은 긍정적인 미래, 예를 들어 '직장에서 승진하는 일', '건강을 오래 유지하는 일', '내 집을 마련하는 일' 등에 대해서는 일어날 확률을 높게 예측했지만, '암에 걸리는 일', '가정에 불화가 생기는 일', '회사를 그만두는 일' 등의 부정적인 상황에 대해서는 일어날 확률을 낮게 예측했습니다. 이렇듯 사람은 정작 대비가 필요한 안 좋은 일은 과소평가하고, 인생에서 드물게 찾아오는 성공은 과대평가한다는 것을 알 수 있습니다.

마흔에는 주변의 쓴소리에 더 격렬하게 반응하곤 합니다. 아는 것이 많다는 오만함이 진심 어린 조언을 흘려듣게 만드는 것입니다. 더욱이 우리의 뇌는 긍정적인 미래를 그리도록 설계되어 있어서 쓴소리를 달게 받아들이지 않습니다.

듣기에는 거북하지만 도움이 되는 말들은 우리의 편향된 사고를 일깨워주는 보약입니다. 이제 누군가가 귀에 거슬리는 말을 전한다면 감사한 마음으로 받아들입니다. 그 보약들을 잘 챙겨 먹고 맑아진 정신으로 새로운 미래를 그려나가는 겁니다.

때론 비 오는 날 언덕에 올라 거센 풍랑이 이는 모습을 눈에 담습니다. 또 저 멀리 펼쳐진 곧은 길을 천천히 걸으며 무른 곳은 없는지 살핍니다. 그런 노력은 '저 바다는 온종일 고요할 거야', '눈앞의 길을 따라 걸으면 반드시 결승점에 도달할 수 있을 거야', '지금 투자하는 회사가 망할 리가 없지'와 같은 편향된 사고에서 벗어나는 방법인 것입니다.

이야기 속 남자는 양치기의 조언을 받아들였을까요? 그가 여느 사람과 같이 '보고 싶은 것만 보는 사람'이라면 그 길로 배 한 척을 사러 갔을 것입니다. 눈앞의 바다가 언제나 고요할 것이라고 믿으면서 말입니다. 하지만 쓴소리를 보약으로 여기는 사람이라면 매일 바다의 변화를 관찰하면서 자기가 꿈꾸는 이상적인 항해가 가능할지 판단했을 것입니다.

남의 말이 귀에 거슬리는 것은 찰나입니다. 그 순간의 마음을 추스른다면 모진 풍랑을 이겨낼 비법을 얻을 수 있습니다.

삶에 무게를 더하는 이야기

수험생활이 길어질수록 시험의 합격률이 올라갈 것 같지만 그렇지 않습니다. 모든 시험에는 난이도에 따른 적정한 수험기간이 있습니다. 간단한 자격증은 짧게는 몇 주, 길게는 몇 달을 준비하면 취득할 수 있습니다. 직장을 얻기 위한 시험은 수험기간이 보통 연 단위로 늘어납니다. 그런데 이때 적정 수험기간을 넘어서면 점수는 떨어지기 마련입니다.

저 또한 대학을 졸업하고 직장을 얻기 위해서 수험생활을 시작했습니다. 그런데 막상 학교의 울타리를 벗어나 시험을 준비하는 과정은 생각처럼 녹록지 않았습니다. 치열한 경쟁률과 '1년에 기회는 한 번

뿐'이라는 압박감은 좀처럼 공부에 집중할 수 없게 만들었습니다.

순식간에 1년이 지났습니다. 제자리를 맴도는 듯한 시간이 계속되는 와중에 도서관에서 선배 한 분을 만났습니다. 그분은 학교를 졸업하고 일찌감치 대기업에 입사해서 사회생활을 하고 있었습니다. 표정이 좋지 않은 제게 그분이 한마디 조언을 건넸습니다.

"수험생활이 길어질수록 성적이 떨어지는 이유는 아주 명확해. 혹시 시험지의 문제를 '쉬움', '보통', '어려움', 이 세 가지 난이도로 구분한다면 그 비율이 어떻게 될 것 같아?"

저는 난해한 질문에 말문이 막혔습니다. 대답 없는 제게 선배가 말을 이었습니다.

"대부분 시험은 문제의 팔십 프로가 보통 난이도, 십 프로가 쉬움 그리고 나머지 십 프로가 어려운 문제야. 그럼 합격하려면 어떻게 해야 할까? 바로 쉬운 문제와 보통 난이도의 문제를 다 맞히고 나머지 십 프로의 어려운 문제 중에 한두 개를 더 맞히면 되는 거야. 그런데 수험생활이 길어질수록 쉽거나 중간 난도의 문제는 간과하고 몇 문제 나오지 않는 어려운 문제에만 매달리는 거지. 그러니까 어려운 시험일수록 쉬운 문제, 보통 난도의 문제를 중요하게 생각해야 해."

순간, 선배를 보며 '좋은 곳에 취업했다고 으스대는 말이 아닐까?'라는 생각이 들었습니다. 그렇게 선배를 보내드리고 자리로 돌아와서 작년 시험지를 펼쳤습니다. 그리고 문제마다 '상', '중', '하'로 난이도를 표기했습니다. 그런데 선배의 말처럼 각각의 비율이 한 치의 오차도 없이 정확히 맞아떨어지는 게 아니겠습니까. 그때부터 눈에 익은 내용은 더 집중해서 외우고 복습하기로 마음먹었습니다. 그렇게 1년 뒤, 좋은 성적으로 시험에 합격할 수 있었습니다.

 편향된 사고는 삶을 긍정적으로 바라보는 힘이 되기도 하지만, 정말 중요한 것을 놓치게 만듭니다. 이제 귀에 거슬리는 말이 있다면 집중해서 들어보기로 합니다. 그런 노력이 쌓이고 쌓여 앞으로의 비바람을 잠재울 힘이 될 것입니다.

자기에게 딱 맞는 옷을 찾아 입어라
Reading Aesop's Fables at Forty Is No Light Matter

 많은 동물이 한자리에 모여 잔치를 벌이고 있었다. 한껏 흥이 오른 원숭이가 탁자 위로 올라가 춤을 추기 시작했다. 원숭이의 익살스러운 표정과 현란한 몸짓에 동물들은 손뼉을 치며 환호했다.

그런데 그때, 원숭이를 부러운 눈으로 쳐다보던 낙타가 갑자기 앞으로 나와 춤을 추는 것이 아닌가. 코를 씰룩거리며 앞다리를 들었다 놨다 하는 모습이 결코 춤사위로는 보이지 않았다. 동물들은 낙타의 기괴한 몸짓에 기분이 상한 나머지 돌과 나뭇가지를 던져 낙타를 쫓아냈다. 낙타는 줄행랑을 치며 말했다.

"팔자에도 없는 춤을 춰보겠다고 나섰다가 혼쭐만 났구나."

⚜

낙타가 춤을 추는 모습을 상상해봅시다. 등에 난 혹을 좌우로 흔들면서 코와 입술을 푸드덕거리는 모습이 춤으로 보이진 않습니다. 그렇게 낙타는 아무리 노력해도 할 수 없는 일을 동물들 앞에서 선보인 것입니다. 무턱대고 원숭이를 따라 한 대가는 돌팔매질이었습니다.

정작 낙타가 잘하는 것은 따로 있습니다. 두 개의 발가락은 모래사막을 걷기에 안성맞춤이고, 지방으로 이뤄진 혹 덕분에 오랫동안 먹이를 먹지 않고도 걸을 수 있습니다. 만약 동물들이 사막에서 마라톤 경주를 했다면 단연 낙타가 일등을 차지했을 것입니다.

이렇듯 동물이든 사람이든 자기가 잘하는 분야가 있기 마련입니다. 마치 자로 잰 듯 몸에 딱 맞는 옷처럼 말입니다. 하지만 100년을 채 살지 못하는 우리가 일생 중 그런 옷을 찾아 입기란 쉬운 일이 아닙니다.

언제 찾아올지 모르는 기회를 잡기 위해선 숨겨진 재능을 찾는 일을 멈춰서는 안 됩니다. 예로부터 '대기만성(大器晩成)', 큰 그릇은 늦게 이루어진다고 하지 않았던가요. 그러니 자기 그릇의 크기를 가늠하지 못하고, 너무 일찍 포기하는 일은 없어야 합니다.

재능을 꽃피우는 시기는 중요하지 않다는 것을 몸소 보여준 사람이 있습니다. 바로 '모지스 할머니'라고 불리는 미국의 화가 안나 마리 로

버트슨 모지스입니다.

    그녀는 70세가 될 때까지 평범한 주부로 살았습니다. 그러던 어느 날, 관절염이 심해져서 바느질을 할 수 없게 된 그녀는 취미로 그림을 그리기 시작했습니다. 따뜻한 시선으로 고요한 농촌 풍경을 담은 그녀의 그림은 많은 사랑을 받았습니다. 그때부터 그녀는 100세가 넘는 나이까지 무려 1,600여 점의 작품을 남기며 왕성한 활동을 이어갔습니다. 그녀의 삶에 대한 열정은 많은 사람에게 감명을 주기에 충분했습니다. 그녀는 자서전에서 이렇게 말했습니다.

    '진정으로 무언가를 추구하는 사람에겐 바로 지금이 인생에서 가장 젊은 때입니다. 무언가를 시작하기에 딱 좋은 때이죠.'

    마흔은 100세의 절반에도 미치지 못하는 나이입니다. 그러니 가진 재능을 한정 짓기엔 너무 이른 나이인 것입니다. 잠시 멈춰 서서 생각해봅니다. 혹시 우스꽝스러운 몸짓으로 기괴한 춤을 추고 있지는 않은지, 또 맞지 않는 옷을 입고 수시로 매무새를 정리하느라 중요한 것을 놓치고 있지는 않은지를 말입니다. 무의미한 춤사위를 멈추고 이제는 진짜 나의 재능을 찾아 나섭니다.

    일찌감치 재능을 꽃피우는 것은 비단 위에 꽃을 더하는 '금상첨화(錦上添花)'입니다. 하지만 그렇지 않더라도 마음 한편에 '대기만성', 네 글자를 새깁니다. 언젠가 완성될 내 안의 그릇을 기대하며 끊임없이 자신에게 묻는 것입니다. '너의 재능은 무엇이니?'라고. 아무런 대답을 할 수 없더라도 괜찮습니다. 그 한 번의 질문이 나의 무의식을 깨워 숨겨진 재능을 찾도록 독려할 테니 말입니다.

삶에 무게를 더하는 이야기

때론 우연한 계기로 재능을 발견하곤 합니다.

딸아이가 어린이집을 다닐 때였습니다. 아이를 미용실에 데리고 가는 것이 곤혹스러운 시기였습니다. 낯선 장소, 사람들이 천을 두른 풍경 그리고 이발기기의 소음이 아이를 불편하게 한 모양이었습니다. 미용실 가기를 거부하는 아이는 머리카락이 길어서 목덜미에 땀띠가 날 정도였습니다. 점점 더워지는 날씨에 하는 수 없이 집에서 머리카락을 손질해주기로 했습니다.

하지만 아이의 목에 보자기를 두르고 막상 가위질하려니 손에 땀이 났습니다. 한 번도 누군가의 머리카락을 잘라본 적이 없었던 터라, 가족 모두는 은연중에 '참사' 수준만은 아니기를 바라는 눈치였습니다. 천천히 아이의 머리카락을 자르기 시작했습니다. 그런데 놀랍게도 좌우 균형을 맞춰가며 훌륭하게 작업을 마무리했습니다. 숨겨진 재능을 발견하는 순간이었습니다.

한동안 아이의 머리를 잘라주면서 '그럼 내 머리도 직접 자를 수 있지 않을까?'라는 생각이 들었고, 몇 차례 시도 끝에 스스로 머리카락을 자를 수 있게 되었습니다. '중이 제 머리 못 깎는다'라는 옛말은 제게는 적용되지 않는 이야기였습니다. 가끔, 은퇴 후 남성 시니어를 위한 미용실을 운영하는 모습을 상상하곤 합니다. 지금처럼 가위질을 멈추지 않는다면 결코 불가능한 일만은 아닐 겁니다.

"진정으로 무언가를 추구하는 사람에겐 바로 지금이 인생에서 가장 젊은 때입니다. 무언가를 시작하기에 딱 좋은 때이죠."

죽을 날이 얼마 남지 않았다 하더라도 이룰 수 있는 무언가를 찾는다면, 남은 삶을 자기 의지로 채워나갈 수 있습니다. 그러니 늦은 때란 없습니다.

나에게 딱 맞는 '재능'이라는 옷을 찾기 위해 무엇이든 시작하십시오. 당신의 숨겨진 재능은 우연한 계기로 빛을 발하게 될 테니 말입니다.

비교의 시선은 위를 향해야 한다
Reading Aesop's Fables at Forty Is No Light Matter

조심성 없는 여우가 그만 덫에 걸려 꼬리가 잘리고 말았다. 우아하고 풍성했던 꼬리가 몽땅하게 잘려버리자, 여우는 부끄러워 밖에 다닐 수가 없었다. 그래서 여우는 한 가지 꾀를 내었다. 다른 여우들에게 긴 꼬리는 거추장스러우니 자기와 같이 짧게 자르는 것이 어떻겠냐고 말을 꾸며볼 생각이었다. 여우가 다른 여우들이 모인 자리에 나서서 말했다.

"자, 다들 내 꼬리를 좀 봐. 아주 짧아서 달고 다니기에 얼마나 편한지 몰라. 왜 진즉 긴 꼬리를 자르지 않았는지 후회가 될 정도라니까."

그러자 다른 여우들이 말했다.

"이봐, 우리가 꼬리를 자르는 일은 너에게만 좋은 일이지. 네게 아무런 이득이 없다면 우리에게 꼬리를 자르라고 권하는 일도 없었을 거야. 안 그래?"

⚜

여우의 얕은수는 쉽게 들통나고 말았습니다. 여우의 꼬리는 몸의 균형을 잡는 데 중요한 역할을 할 뿐만 아니라 체온을 유지하는 데도 도움을 줍니다. 또한 꼬리를 들거나 흔들면서 감정을 표현하기도 합니다. 이렇게 중요한 꼬리를 몽땅하게 자르라는 말은 얼토당토않은 헛소리인 것입니다. 결국 이야기 속 여우는 자기를 비롯한 집단의 하향평준화를 이루려고 꾀를 부렸다가 신망을 잃고 말았습니다.

우리는 끊임없이 남과 비교하며 자신의 위치를 확인하려 합니다. 이는 혼자 살아갈 수 없는 세상에서 평생 안고 가야 할 과제이기도 합니다. 그럼, 비교의 굴레에서 벗어날 수 없다면 어떤 마음으로 인생을 살아가야 할까요? 바로 '올바른 비교'를 통해 성장하는 삶을 살기 위해 노력해야 합니다.

사회 심리학자 리언 페스팅거는 사람들이 자기 능력이나 감정을 평가하기 위해 남과 자신을 비교하는 경향을 '사회 비교 이론(Social Comparison Theory)'을 통해 설명했습니다. 페스팅거는 비교의 유형을 크게 두 가지로 나눴습니다.

먼저 첫 번째로 자기보다 뛰어난 사람과 자신을 비교하는 '상향 비교'입니다. 상향 비교의 긍정적 효과로는 좋은 선례를 보며 강력한 동기를 얻을 수 있다는 점입니다. 하지만 때론 자신보다 잘난 이에게 열등감을 느낄 수 있다는 부정적인 면도 있습니다.

다음으로는 '하향 비교'입니다. 말 그대로 아래를 향한 비교로, 자기보다 처지가 나쁜 사람과 자신을 비교하는 것입니다. 하향 비교로 일시적인 만족감을 얻을 수는 있지만, 아래를 향한 비교는 사람을 현재 상황에 안주하게 만듭니다.

극단적인 상향 비교나 하향 비교는 지양하는 것이 맞습니다. 앞으로 뻗어나가는 삶을 살기 위해서는 되도록 상향 비교를 통해 자기 안의 동기를 끌어낼 수 있어야 합니다. 아래를 보며 얻는 위안은 일시적일 뿐 긴 인생을 살아가는 데 도움이 되지 않습니다.

상향 비교의 좋은 예는 IT 업계의 영원한 라이벌인 빌 게이츠와 스티브 잡스를 들 수 있습니다. 둘은 마이크로소프트 사와 애플 사를 운영하며 각자의 장점을 끊임없이 비교했습니다. 한쪽에서 컴퓨터 운영 체제를 개발하면 다른 한쪽에서는 혁신적인 제품을 선보이는 등 서로 영감을 주고받으며 발전을 거듭했습니다. 빌 게이츠는 한 인터뷰에서 "저는 잡스가 가진 독특한 천재성에 대해 매우 감탄하고 존경합니다"라고 말하기도 했습니다. 스티브 잡스 또한 빌 게이츠에 대한 존경의 뜻을 담은 발언을 여러 차례 했습니다.

다시, 이야기 속 여우를 생각해봅시다. 여우는 다른 여우들을 속여 꼬리를 자르게 만들려고 했습니다. 이는 다른 여우의 꼬리가 없는 모습과 현재 자신의 처지를 비교하려 한 것으로, 극단적인 '하향 비교'의 예입니다. 여우는 자기보다 더 볼품없는 여우들의 모습에서 위안을 얻고자 한 것입니다.

마흔에는 자신도 모르는 사이, 비교의 대상을 찾는 시선이 점점 낮아집니다. 자기보다 못한 대상을 눈앞에 놓고 위안을 얻기 위해 애쓰는 것입니다. 하지만 이제는 압니다. 그렇게 얻은 만족감은 자기 자신을 현실에 안주하게 만드는 독이라는 것을 말입니다.

올바른 비교는 '위를 향한 비교'에서 비롯됩니다. 자기보다 나은 사람을 시기하는 대신 그의 장점을 배우기 위해 노력해야 합니다. 그렇게 묵묵히 인생의 계단을 오르며 좀 더 높은 곳을 바라볼 용기를 얻습니다.

삶에 무게를 더하는 이야기

때론, 지금 느끼는 만족감은 아래를 향한 비교에서 비롯된 것일 수 있습니다.

'지금 직장이 마음에 드는 것은 아니지만, 나보다 못한 환경에서 일하는 사람도 훨씬 많아.'

'차가 오래되긴 했지만, 걸어 다니는 친구도 있으니까.'

'결혼이 늦어졌지만, 성급하게 결혼했다가 이혼하는 것보다야 낫지.'

이런 생각들은 잠깐의 위안거리일 뿐입니다.

결혼 후 조금씩 살이 찌기 시작하더니 몇 년 만에 인생 최대 몸무게를 기록했습니다. 출근 준비를 마치고 거울 앞에 섰습니다. 다양한 각도에서 바라본 몸매는 팔다리에 비해 배만 볼록 나온 것이 영락없는 '아저씨'입니다. 그러다가 잠시 배에 힘을 주어 정상인의 흉내를 내봅니다. 그리고 마음속으로 생각합니다.

'이 정도 뱃살 없는 40대가 어디 있다고. 그래도 난 고도비만은 아니잖아.'

그렇게 시선을 아래에 두고 위안을 삼습니다.

그날 저녁, 아내와 TV를 보았습니다. 건장한 남성들이 떼거리로 나와서 이런저런 임무를 수행하는 프로그램이었습니다. 다들 몸이 조각 같았습니다. 한 명도 아니고 수십 명이 웃통을 벗고 겨루는 모습에 마냥 웃을 수만은 없었습니다. TV 화면과 나의 배를 번갈아 가며 쳐다보는 아내의 시선이 느껴졌기 때문입니다.

그때부터 '하향 비교'를 멈추고 살을 빼기 시작했습니다. 조각상은 아니더라도 최소한 정상인의 몸을 갖기 위해 시선을 조금 위에 두기로 했습니다. 꽤 오랜 시간이 지나서야 결혼 전의 몸매를 되찾을 수 있었습니다.

마흔에는 잠깐만 정신을 놓아도 자꾸만 시선이 아래를 향합니다.

하향 비교를 통해 스스로 잘 살고 있다는 위안을 얻으려는 얕은수인 것입니다. 이제는 자주 눈높이를 확인합니다. 그런 노력이 조금 더 위를 바라보게 만들고 현실에 안주하려는 자신을 일으켜 세워줄 것입니다.

Epilogue
다시 꺼내 보는 이솝우화의 지혜

박쥐 한 마리가 바닥에 내려앉았다가 족제비에게 잡히고 말았다. 박쥐는 족제비에게 살려달라고 애원했다. 그러자 족제비는 자기가 가장 좋아하는 먹이가 '새'라며 놓아줄 수 없다고 말했다. 그 말을 들은 박쥐가 말했다.

"족제비님, 제 생김새를 보십시오. 저는 운 좋게 날 수 있을 뿐 새가 아니라 쥐입니다."

족제비가 유심히 박쥐를 들여다보니 부리가 없는 모습이 꼭 쥐 같았다. 그렇게 박쥐는 목숨을 구할 수 있었다.

얼마 뒤, 박쥐는 또다시 땅에 내려왔다가 다른 족제비에게 붙잡혔다. 이번 족제비는 자신이 가장 좋아하는 먹이가 '쥐'라고 말했다. 그러자 박쥐는 여봐란듯이 날개를 펴며 자신은 새라고 말했다. 그렇게 박쥐는 또다시 풀려날 수 있었다.

'박쥐 같은 인간'이라는 표현은 자신의 편의에 따라 낯빛을 바꾸는 사람을 뜻합니다. 위 이야기에서도 박쥐는 상황에 따라 자기를 다르게 소개합니다. 사람들은 이런 박쥐의 모습을 '기회주의자'로 치부하며 비난합니다.

하지만 가만히 생각해보면 박쥐의 임기응변은 '이유 있는 항변'이었습니다. 박쥐는 날개를 펴고 하늘을 날 땐 분명히 새의 모습이고, 몸을 웅크린 채 바닥을 기면 영락없는 쥐의 모습입니다. 만약 박쥐가 자신을 새 아니면 쥐, 둘 중 하나로 여겼다면 결코 목숨을 부지할 수 없었을 것입니다.

이처럼 '모 아니면 도'라는 식의 사고방식은 중간 지대를 인정하지 않습니다. 삶에는 성공과 실패만 존재하지 않습니다. 목표를 향해 나아가는 과정에서 보고 듣고 느끼는 모든 것이 인생을 이루는 바탕이 됩니다. 그러니 성공과 실패만을 염두에 두고 윷가락을 던지는 건 다양한 가능성의 문을 스스로 닫아버리는 것입니다.

어른이 되어 다시 꺼내 보는 이솝우화는 열린 미래를 준비하는 과정입니다. 어린 시절, 순수했던 그날에는 이루지 못할 것이 없었습니다. 날개를 달고 하늘을 날고, 거대한 고래가 되어 심해를 누비고, 과학자가 되어 지구를 지키는 꿈을 꿨습니다.

마흔에는 내 모습을 한 가지로 정의하지 않습니다. 어떤 모습이든 그럴 만한 이유를 달 수 있다면 망설임 없이 새가 될 수도, 쥐가 될 수도 있어야 합니다. 그렇게 가능성의 문을 하나둘 열어가며 성장하는 것입니다.

매일 밤 아이가 잠들기 전 이솝우화를 읽어줬습니다. 2,600년 전 이솝의 입을 통해 전해지던 지혜의 말들은 이제 나의 음성으로 아이에게 전해지고 있었습니다. 그렇게 나지막한 목소리로 읽어 내려가는 이야기는 나 자신에게 들려주는 위로의 말이기도 했습니다.

이제 다시 꿈을 꿉니다. 오래된 지혜를 어른의 시선으로 읽어 내려가며 열린 인생을 그려갑니다.

마흔에 읽는
이솝우화는 가볍지 않다

초판 1쇄 발행 2025년 10월 27일
초판 2쇄 발행 2025년 12월 24일

지은이 | 이길환
펴낸이 | 박찬근
펴낸곳 | (주)빅마우스출판콘텐츠그룹
주　소 | 경기도 고양시 덕양구 삼원로 73 한일윈스타 1422호
전　화 | 031-811-6789
팩　스 | 0504-251-7259
이메일 | bigmouthbook@naver.com
편　집 | 미토스
표지디자인 | 최치영
본문디자인 | 디자인 [연;우]

ⓒ 이길환

ISBN 979-11-92556-48-2 (03320)

※ 잘못 만들어진 책은 구입처에서 교환 가능합니다.